FRANC-NOHAIN
P.-A. BOUROUX

De la Mer aux Vosges

De la Mer aux Vosges

FRANC-NOHAIN

De la Mer aux Vosges

Eaux-Fortes et Dessins

DE

P.-A. BOUROUX

PARIS

E. DE BOCCARD, ÉDITEUR

1, RUE DE MÉDICIS, 1

1921

AU GÉNÉRAL DE COMBARIEU

avec la fierté d'avoir servi sous ses ordres
hommage de notre reconnaissance
et de notre dévouement.

Franc-Nohain,
Paul-Adrien Bouroux.

Les pages qui suivent n'ont pas la prétention d'être un chapitre d'histoire; nous n'avons jamais cherché à expliquer, à commenter, ni même à comprendre les événements militaires auxquels nous avons pu nous trouver mêlés et qui nous dépassent singulièrement.

Et nous ne nous flattons pas non plus d'apporter ici une contribution, si modeste soit-elle, à l'étude déjà fréquemment tentée, et bien inutilement à notre avis, de ce que l'on appelle la « psychologie du combattant ».

Je crois que les hommes qui ont fait la guerre l'ont faite avec la nature, le caractère, et les habitudes d'esprit qu'ils avaient acquis en temps de paix. La guerre n'a tout de même duré que quatre ans; et les combattants avaient une formation intellectuelle, morale et sentimentale qui allait de dix-sept à cinquante années, parfois même un peu plus.

Pendant ces quatre ans d'exceptionnel bouleversement, il est possible que certaines façons de penser aient semblé brusquement surgir, que certains sentiments se soient épanouis ou exaspérés.

Mais, en réalité, ils étaient déjà en nous, nous les avions avec nous, et ils sont un moment sortis du fond de nous-mêmes, comme une pluie d'orage peut amener à la surface du bassin des végétations en dépôt qui dormaient dans sa profondeur : mais ce n'est pas elle qui les apporte, et surtout elle ne les crée pas.

La guerre aura été, pour ceux qui l'auront vécue, — et qui n'en sont pas morts, — une extraordinaire aventure, la plus extraordinaire des aventures, mais simplement une aventure. « Faire la guerre » est une expression démesurée et vide de sens. Est-il un homme qui se puisse vanter d'avoir « fait la guerre » ? La vérité est que chacun de nous a fait sa guerre, et qu'il l'a vue comme il l'a faite, dans son coin, à sa place, suivant ses moyens, et de son mieux...

Cette guerre, la nôtre, a déposé dans notre mémoire un certain nombre de souvenirs et d'images, pittoresques et touchants, insignifiants ou formidables, mais qui ne sont pas nécessairement héroïques, et dont la qualité peut être infiniment relative et variée.

Ce sont ces souvenirs et ces images qu'il nous a plu de fixer ici, tels quels. Et si nous les fixons, c'est que déjà nous sentons bien qu'ils s'éloignent un peu de nous, qu'il nous faut presque un effort pour les évoquer et les retenir.

La guerre n'est qu'une convulsion, qui bouleverse les êtres et les choses, mais une convulsion ne dure pas. A la place des ruines, dont le burin du graveur trace la figure pathétique, d'autres édifices s'élèveront un jour à nouveau. Et devant même que d'autres pierres aient remplacé les pierres détruites, la nature la première n'a-t-elle pas rétabli son harmonie éternelle, comblant les tranchées et les trous d'obus? Les champs de désolation et de mort ne s'apprêtent-ils pas pour les moissons de demain?

Avant les monuments, œuvre de l'homme, et ainsi que la nature elle-même, notre sensibilité retrouve aussitôt son apaisement et son équilibre.

Avant donc que tout cela, tout proche, entre et disparaisse dans la sérénité de l'Histoire, interrogeons notre cœur encore vibrant, nos nerfs encore tendus. Il ne s'agit pas, encore une fois, d'une Histoire ni d'une contribution à l'Histoire de la Guerre : on n'écrit pas l'Histoire à mesure. Une Histoire de la Guerre, non pas ; tout au plus, et tout simplement, des histoires de guerre, celles que nous raconterons désormais, jusqu'à ce que la mort nous prenne, à nos enfants et aux enfants de nos enfants, lorsqu'ils nous demanderont gentiment :

« Racontez-nous la guerre, ce que vous avez vu à la guerre ? Racontez-nous l'Hartmann, et le Chemin des Dames, et la cathédrale de Reims, et Verdun, et quand vous étiez avec les Américains devant Château-Thierry, et quand vous êtes rentré dans Bruges avec le roi Albert ? »

Voici...

F.-N.

Versailles, août 1920.

EN ALSACE

Hartmannswillerkopf, — nom compliqué et barbare, qui, dans notre mémoire, résonne longuement, lugubrement, dominant nos souvenirs, comme son sommet domine la guerre en Alsace, et les Vosges !... Vainement on a voulu modifier ce nom, lui prêter un aspect familier, bonhomme : le « Vieil Armand », — mais jamais, ailleurs que dans les récits des journaux, on n'employa cette désignation ingénieuse, ce plaisant jeu de mots. Si! Un café de la vallée s'était intitulé ainsi « *A la descente du Vieil Armand.* » Mais, en réalité, l'Hartmannswillerkopf fut et resta simplement en deux syllabes, « l'Hartmann », ou — suivant l'abréviation des ordres et des plans directeurs — trois lettres : l'H. W. K.

Ce que représentent pour nous ces trois lettres...

Je revois cette claire nuit des premiers jours de janvier 1916, et la « voiture de liaison » qui m'emmenait de Remiremont. Un grand garçon mince, aux traits marqués, est assis à côté du conducteur;

tout à l'heure, au moment du départ, les camarades du « courrier »
le félicitaient de sa médaille militaire et de sa belle croix de guerre
toutes neuves; son front s'est plissé, dans son visage tourmenté, et
il a répliqué avec brusquerie :

— J'aimerais mieux n'avoir ni croix ni médaille, et que mon
général soit encore là !

Son général, c'est le général Serret, dont il était le porte-
fanion, qu'il accompagnait toujours, partout, comme son ombre,
dans ses randonnées téméraires, le général Serret dont il a rapporté
le corps quand il a été tué, l'autre jour, (c'est pour cela qu'on vient
de le décorer), — tué comme le colonel Hennequin, tué comme le
colonel Boussat, — dans une tranchée de cet Hartmann où, maintenant, je vais « rejoindre »...

Mais je ne rejoindrai que demain matin. Ce soir, nous nous arrê-
tons à Wesserling, où la division est installée, et où j'ai la surprise
de coucher dans une « vraie » chambre, d'un hôtel demeuré presque
confortable; simplement la servante s'excuse de me donner une
bougie, et qu'il n'y ait plus de gaz :

— Le bec de gaz, il est *capout!*

Cet accent, ce « capout », pour la
première fois, j'ai l'impression d'un pays
conquis, ou reconquis, dont les habitants
libérés ne parlent plus notre langue; oui
vraiment, et de quelque puérilité que
nous jugions sans doute après coup
une telle impression démesurée, j'ai,
en entendant ce « capout », le premier sentiment de l'avance victorieuse, et, seul dans ma chambre, je
ferais volontiers sonner en conqué-
rant mes bottes et mon sabre, — le

sabre dont je m'étais, bien inutilement d'ailleurs, embarrassé.

Une canonnade lointaine, assourdie. Les différents « plans » de la montagne arrêtent et dispersent le bruit des éclatements.

Ainsi tout semble concourir à ce que, de plus près, l'Hartmann apparaisse bien moins effrayant que sa réputation sinistre. Et puis, quand je me suis remis en route, au matin, quels jolis et plaisants villages, aux maisons riantes, aux devantures gaîment offertes!

Des ouvriers « civils » travaillent à la route en lacets qui, remplaçant les sentiers muletiers, permet l'accès, presque jusqu'au sommet, des lourds convois du ravitaillement et de l'artillerie. Parmi ces civils, il en est de tout jeunes, qui se sont coiffés de bérets d'alpins, et dont les bonnes joues roses et rondes me rappellent mes petits garçons.

Cependant les sapins qui, jusqu'ici, m'avaient protégé de leur ombre majestueuse et bleue se font plus rares; aux taillis naturels succèdent des buissons de fil de fer barbelé. Des éclatements se précisent, plus rapprochés, plus nets... A un tournant, une intolérable odeur de bêtes en décomposition — des mulets ont été éventrés par une rafale « bien placée ».

Et les sapins orgueilleux ne sont plus que des manches à balais.

Le guide qui m'attendait là m'engage à hâter le pas :

— C'est un mauvais endroit, mon lieutenant!

Sur la carte allemande, que dressait le Club vosgien, que de jolis noms cependant, et séduisants, et tentateurs : le « Chemin des

Dames », — ici non plus, les « dames », à la guerre, né nous portaient pas bonheur! — au bout duquel le colonel Hennequin fut tué par un « méchant 77 », un obus de rien du tout, un de ces obus que nous affections de mépriser presque, et qui, suivant l'expression d'un camarade, n'étaient dangereux que « si l'on se rencontrait avec eux *personnellement* », — le *Damenweg* aux pentes adoucies, par où les dames excursionnistes étaient invitées à passer sans trop de fatigue, et sans risque pour leurs hauts talons.

Et voici encore la « Pastetenplatz », l'endroit où l'on s'asseyait sur l'herbe, où l'on ouvrait les paniers à provisions, où, les yeux écarquillés et la bouche pleine, on admirait le beau point de vue en dégustant des pâtisseries!

Le point de vue est toujours admirable; mais il vaut mieux sans doute ne pas s'y trop attarder.

Et cependant j'ai pu constater que dans les circonstances les plus difficiles, aux instants les plus pathétiques, la noblesse et l'agrément des sites nous laissent rarement insensibles. Ce qui, peut-être, rendait plus pénible encore la bataille de Verdun ou de l'Yser, c'était de n'avoir devant soi rien où l'œil se pût reposer, qui nous divertît de la tragique horreur environnante. Un paysage, malgré tout, un paysage varié et doux apaise l'esprit, affermit notre espoir dans la vie (quand la nature est là si calme!), nous tient compagnie.

Singulièrement, en Alsace, nous lui étions reconnaissants, même inconsciemment, à la nature, d'avoir fait ce pays si riant, si riche, et qui valait vraiment la peine de se donner tant de mal pour le reprendre, pour le garder!

Je n'oublierai jamais qu'en arrivant à l'Hartmann, quand, pour me présenter au P. C. du bataillon, je dévalais le Boyau Central le cœur un peu serré par sa solitude menaçante — on ne le fréquentait guère par plaisir, et pour cause, — le premier, le seul camarade, que j'aie alors rencontré, c'était un chasseur de la brigade, adossé à un pare-éclats; on l'avait envoyé relever un tracé des travaux, et, abandonnant sa planchette de topographe, tranquillement, ne me voyant même pas venir, il s'absorbait à peindre sur son bloc-notes une aquarelle.

Cette insouciance ou ce fatalisme, je les retrouvais d'ailleurs dans le P. C. où l'on m'accueillait, où la sécurité était pourtant assez relative, si l'obscurité, par contre, y était à peu près complète, et où les premières recommandations dont on m'entoura furent sur la manière de porter le béret (le mien, paraît-il, était beaucoup trop large...). N'est-ce pas là que j'ai entendu un capitaine, au plus fort d'un bombardement, et alors qu'on le prévenait d'avoir à se tenir prêt pour contre-attaquer, qui déplorait que dans l'ordre reçu fût employé le mot « solutionner », et qui murmurait, tout en prenant de suprêmes dispositions :

— Pourquoi « solutionner » quand nous avons *résoudre*?...

De semblables scrupules littéraires, de telles préoccupations philologiques sont encore plus surprenants que le souci fréquent, celui-là, en pareilles circonstances et en pareil endroit, d'un flush royal ou d'un sans-atout... On se félicitait encore, lorsque j'arrivai, des huit cents francs perdus au poker par un camarade, quelques heures avant la sanglante et déplorable attaque allemande de décembre, où il devait être blessé et fait prisonnier, — puisque ce sont les boches qui auraient eu ses huit cents francs...

Hélas! le cimetière tout proche témoignait cruellement que de trop nombreux camarades n'avaient pas perdu que leur argent. On n'y prêtait pas autrement d'attention, d'ailleurs. Ces cimetières qui se sont dressés au milieu, comme au fur et à mesure de la bataille,

qui font corps avec elle, dont les croix de bois se distinguent à peine
des piquets pour les fils barbelés, dont les tertres semblent alterner
avec des sacs à terre, ces cimetières ne sont pas tristes, ils ne sont
pas impressionnants, ou, du moins, beaucoup moins qu'on ne l'ima-

gine. Oui, détachée de l'ensemble, comme un lambeau de notre sensibilité inquiète, leur image pantelante, maintenant, secoue nos nerfs
et nous bouleverse. Mais, sur le moment, on n'y pensait pas... La
mort est là, toute nue, sans idées associées, sans vain apparat, sans
littérature vaine, comme faisant partie tout naturellement d'une série
d'obligations, de nécessités ou de risques professionnels, — une
tombe se creuse comme une tranchée, — comme un accident du travail du bon ouvrier. On ne récrimine, ni on ne s'effare. Les morts,
ici, sur place, n'apparaissent aux vivants ni des victimes, ni des

Roche/Sermet
août 15

martyrs, pas même — pas encore — des héros. Les morts semblent des guetteurs qui ne doivent plus être jamais relevés, pour qui la faction se prolonge, se prolonge désespérément, continue...

Les morts de l'Hartmann montaient la garde face à la plaine d'Alsace, face à Mulhouse, face au Rhin...

Que de fois, près d'eux, je me suis couché sur l'une de ces tombes qui dominaient le camp Rénier, pour voir, la nuit venue, s'allumer à l'horizon les lumières de Mulhouse!...

Car on ne devait pas tirer sur Mulhouse, on ne devait pas risquer de ruiner, de détruire le gage précieux de Mulhouse. Et cette pièce de marine, si soigneusement camouflée dans le village de Thann, sur le chemin de l'Herrenstuhl, cette pièce énorme qui, par antiphrase sans doute, s'appelait la « Petite Bretonne », demeura des mois pointée sur Mulhouse, sans jamais tenter d'expérimenter la puissance de ses projectiles monstrueux.

Ainsi, chaque soir, à l'heure où nos villes frontières s'enfonçaient dans l'ombre épaisse, où l'angoisse de Paris s'entourait de ténèbres, tranquille, paisible, sûre de n'être point inquiétée, Mulhouse s'éclairait peu à peu, et nous voyions briller la belle et complète ordonnance de ses feux symétriques... Quelle émotion, chaque soir renouvelée! Je me rappelais un voyage à Mulhouse quelques mois avant la guerre, l'accueil que m'avait bien voulu faire la *Société industrielle*, tant d'esprit, de grâce et de charme... Cependant, le même jour, à l'*Hôtel Central* où j'étais descendu, une kermesse organisée par la Croix-Rouge allemande m'avait permis de confronter et de comparer, avec la société alsacienne, les élégances des fonctionnaires et officiers allemands et de leurs femmes... — Les Allemandes, me disait une Alsacienne, font des prodiges ou des bassesses pour avoir l'adresse de nos couturières et de nos modistes; elles s'ingénient à copier nos robes, elles nous « chipent » nos chapeaux... Et vous voyez... — Et je voyais que sur leurs têtes ce n'étaient plus les mêmes chapeaux, que sur elles ce n'étaient plus du tout les mêmes robes.

Que sont-elles devenues ces Alsaciennes de Mulhouse que j'avais connues si joliment élégantes, si gaies, si malicieuses et fines, si françaises, si parisiennes?... Et je songe qu'il y a encore des officiers allemands à l'*Hôtel Central!*...

L'Hôtel Central, j'aurais presque pu le distinguer du Storchenkopf, avec la jumelle à ciseaux! Nous avions là, au Storchenkopf, — le mont des Cigognes, — au-dessus du col de Haag, un poste optique et un observatoire prodigieux. D'un côté, c'étaient les clochers de Colmar, et les villages plus proches de la plaine encore allemande, si proches en effet qu'à la jumelle on se promenait dans leurs rues, que nous y avons vu des dames de la Croix-Rouge allemande sortant de la messe... Et de l'autre côté, l'Hartmann, d'abord, cet Hartmann dont on sentait mieux l'importance militaire et stratégique en constatant que partout on était « vu de l'Hartmann », que partout dominait ainsi son double sommet, trop reconnaissable à sa nudité lugubre, à sa végétation roussie et rasée, dont ne subsistaient plus que quelques troncs ébranchés, déchiquetés, — ce que la guerre fait des arbres comme des hommes, — et cette silhouette singulière et symbolique que l'on appelait l' « arbre canon »...

Et toujours Mulhouse, les lumières bien alignées de Mulhouse, là-bas...

C'était un bien joli endroit que le col de Haag, et l'on comprend l'engoûment des touristes pour l'*Hôtel du Ballon* qui en était voisin à quelques centaines de mètres. Je n'ai connu cet hôtel que tout à fait démoli, mais c'était pour nous un passe-temps, qui trompait notre nostalgie, d'aller chercher parmi les décombres les vestiges d'un confortable aboli, d'une civilisation qui semblait de la préhistoire : de l'histoire d'avant la guerre, en effet. Et nous méditions

devant des carreaux de faïence, retrouvés au milieu de gravats, et qui avaient dû revêtir une salle de bains...

Mais le grand ennemi à Haag, c'était le brouillard. Le soleil inondait la vallée de la Thür ou celle de la Lauch, ses rayons perçaient jusqu'aux frondaisons épaisses qui ceinturaient de leur ombre mystérieuse et bleue le petit lac du Ballon. Et brusquement, à un tournant des routes en lacets qui montaient vers le col, brusquement on pénétrait dans le brouillard humide et pâle. La végétation, là-haut, s'en trouvait nécessairement retardée. Et c'est ainsi que le même printemps, qui triomphait déjà dans la vallée de la Thür, au moment où nous l'avions quittée, mit plusieurs semaines pour atteindre le col de Haag et nous y rejoindre. Les arbres de la forêt qui s'étageaient au-dessous de nous, nous permettaient d'observer ses progrès, sa marche comme d'un excursionniste en montagne, sa marche lente et continue. Chaque matin, la ligne verte de la cime des branches aux bourgeons frais éclos apparaissait un peu plus haut, un peu plus près : c'était le printemps qui montait vers nous, suprême cadeau que nous envoyait la vallée, un souvenir, un sourire, un « salut de Saint-Amarin... »

Ah! cette vallée, comme nous l'avons aimée et comme elle nous a choyés!... Elle nous recevait au sortir des horreurs et des angoisses du Südel ou de l'Hartmann; et j'entends encore, après ses trois semaines de dur secteur, ce capitaine, un vieux cavalier passé aux chasseurs qui s'écriait, en arrivant à Willer, plein d'un enthousiasme ingénu et battant des mains comme un enfant :

— Il y a encore des femmes!... il y a encore des maisons, et des jardins, et des fleurs!...

Tous, hélas! n'y revenaient pas, dans la vallée, ou n'y revinrent qu'au cimetière de Moosch, ce cimetière incliné comme un pupitre de lutrin, pour chanter, — après les étranges et émouvantes messes basses où les combattants en ligne exhalaient leur foi simple et

fervente comme les premiers chrétiens dans les catacombes, —
pour chanter quel hymne superbe de gloire et de délivrance, un
Libera nos et un *Magnificat!...*

Mais pour les autres, pour les vivants, les rescapés, le retour
à la vallée, c'était le retour à la vie, à la joie, à la splendeur de
vivre! L'écho de nos fanfares y doit résonner encore, et les pas de
nos chevaux, ou plutôt de nos mulets en cavalcade... Car les mulets
du ravitaillement faisaient belle figure dans les retraites aux flambeaux que les chasseurs de Nice, d'Antibes et de Menton ne man-
quaient jamais d'organiser aussitôt, dans leur hâte d'annexer
l'Alsace à la Côte d'Azur. Et, par ailleurs, il était juste de voir les
braves bêtes — les « miaules » pour leur donner leur vrai nom,

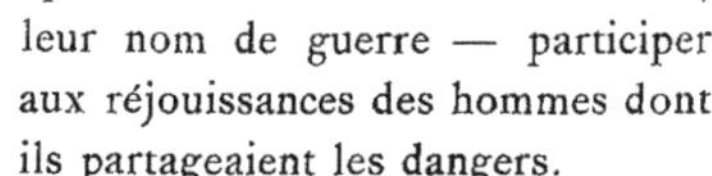

leur nom de guerre — participer
aux réjouissances des hommes dont
ils partageaient les dangers.

Oui, les « miaules », héros
modestes, avaient leurs martyrs.
Quand, chaque soir, au crépuscule,
ils partaient des cuisines installées
à Moosch, pour monter en ligne
les barillets, les bouteillons, le
trajet n'allait pas toujours sans
quelque fâcheuse rencontre. Jusque
dans la vallée, les bombes d'avion
poursuivaient leur tranquillité. Un
jour, d'un seul coup, à Ranspach,
trente mulets furent mis à mal par
des aviateurs trop adroits. Mais le
plus déplorable peut-être fut que
l'on eut l'idée néfaste de vouloir
utiliser leurs cadavres et qu'on les

expédia au plateau de Breitfirst pour être mis dans les pâtées des
chiens de l'Alaska employés là-haut à tirer des traîneaux. Les chiens
de l'Alaska se régalèrent fort, ils se régalèrent trop; ces festins les
avaient mis en goût; et dorénavant quand, dans les tranchées de
neige, ils se croisaient avec quelque équipe de mulets, bien vivants
ceux-là, l'odeur des agapes anciennes leur montait aux narines, ils se
précipitaient, ils les auraient, semblait-il, dévorés séance tenante et
tout crus. Ces chiens de l'Alaska, si gracieux, si doux, si dociles,
sont très capables de se montrer féroces quand on les provoque. En
particulier, ils ont la haine des autres chiens oisifs et flâneurs qui,
lorsqu'ils peinent, eux, à traîner les fardeaux dont on les a chargés,
les regardent le nez au vent. J'ai vu de la sorte un malheureux petit
fox-terrier, arrêté sur le rebord de la tranchée et qui jappait joyeusement, plein d'inconscience, au passage de ses collègues de
l'Alaska. Le chien de tête, sans interrompre sa course, l'attrapa d'un
coup de gueule, le secoua et le rejeta au suivant, et ainsi de suite :
quand le dernier chien de l'attelage fut passé, il n'y avait plus de
petit fox-terrier...

Évidemment, les miaules offraient plus de résistance à ces
farouches amateurs de viande de mulet. Mais après de semblables
émotions, de tels risques et de telles fatigues, ils avaient bien droit,
eux aussi, à figurer dans nos apothéoses. Il reste à savoir, au
demeurant, s'ils appré-
ciaient pleinement nos
façons de nous dis-
traire, et si galoper le
soir, dans les rues de
Saint-Amarin, un bou-
quet sur l'oreille il est
vrai, mais ayant sur le
dos un gaillard brandis-

sant une torche et chantant à pleins poumons, il reste
à savoir si cela les amusait autant que nous...

Pour ce qui est de nous, par exemple, notre
allégresse était totale, faite à la fois des dangers auxquels nous venions d'échapper et de
l'oubli que nous souhaitions de ceux qui,
demain, nous attendaient encore. Cette
allégresse s'extériorisait comme il est
coutume à des hommes de vingt ans,
car tous alors nous avions vingt ans,
même les vieux engagés, même ceux,
officiers ou territoriaux passés dans
l'active, ceux qui étaient, par leur
âge mais non par le cœur, moins
près de vingt ans, hélas! que de
quarante!... Que de chansons, que de refrains joyeux coururent alors
tout le long de la vallée, comme pour purifier l'air alsacien des
odieux accents de la *Wacht am Rhein!*

A ce propos, fixons un point d'histoire. Cette *Madelon*, qui allait
devenir l'héroïne peut-être la plus populaire de la guerre, elle est
partie de la vallée de la Thür, elle est partie de Saint-Amarin. Avant
d'être la compagne fêtée de tous les soldats de France et même
de tous les soldats alliés, nous l'avons connue, débutante modeste
et timide, au 28ᵉ bataillon de chasseurs. Les chasseurs du 28ᵉ célé-
braient la *Madelon* comme les chasseurs du 27ᵉ venus de Menton
évoquaient les *Bords de la Riviera*. Si un chasseur du 27ᵉ, au lieu
de chanter *Sur les Bords de la Riviera*, s'était alors avisé d'entonner
la *Madelon*, il manquait gravement à la tradition du bataillon, et au
nom de l'esprit de corps, — ou de cor, — il eût été vertement tancé
par son commandant.

Les régiments d'infanterie qui, au mois de juin, vinrent, en descendant de Verdun, « se refaire » en Alsace, y trouvèrent la gracieuse pupille du 28ᵉ bataillon, l'adoptèrent aussitôt, cependant que les chasseurs allaient répandre et propager l'éloge et les mérites de la *Madelon* sur les champs de bataille de la Somme.

Mais *Madelon* a conquis sa première gloire dans les auberges d'Alsace, c'est entre Thann et Wilderstein que, d'abord, elle fut célèbre, à Bischwiller, à Willer, Moosch, Saint-Amarin, Ranspach, Wesserling, Odern et Kruth, — Kruth, où Joffre avait déjeuné lors de son premier voyage en Alsace, aux premières semaines de la délivrance, ainsi que le souvenir en était précieusementconservé et double-

ment marqué par une inscription ingénue, et par ce nom des trois Joffrettes que portaient désormais fièrement les trois filles de l'aubergiste...

Mais à présent, si nous revoyons quelque jour ces jolis villages, d'où *Madelon* est partie, ne devons-nous pas craindre un peu de déception peut-être, — passé le péril, passé le saint!... — et que la choucroute et les vins du Rhin nous y semblent moins savoureux, et l'accueil moins plaisant, d'un moins vif agrément ? Les gâteaux que l'on mangeait à la pâtisserie de Thann étaient-ils vraiment les meilleurs gâteaux du monde ?

Du moins ce qui ne saurait avoir changé, ce qui, avec le temps et à distance, nous apparaît toujours également digne de notre admiration émue, c'est le cœur fidèle des habitants. Parmi tant de traits dont nous fûmes témoins ou qui nous furent contés, j'entends encore l'histoire attendrissante du vieux domestique des demoiselles D... Chaque année, pendant quarante-trois ans, la fête de l'Empereur fut,

pour les Alsaciens, une occasion d'affirmer leur loyalisme et leur mémoire. Ce jour-là, tandis que, par ordre, les édifices publics se pavoisaient aux couleurs allemandes, régulièrement, immanquablement, un drapeau français apparaissait tout à coup au faîte du plus haut sapin de la forêt voisine, pour la plus grande confusion du gendarme allemand. Mais sa pire, sa plus tragique déconvenue, au gendarme allemand, c'est ce qui lui était arrivé, lorsque, pour la première fois, on voulut célébrer cette fête après l'annexion, à Saint-Amarin. Les habitants de Saint-Amarin n'avaient-ils pas eu, ce jour-là, la savoureuse, l'étonnante et joyeuse surprise, lorsqu'au matin ils sortirent de leurs maisons, de voir, sur la propre maison du garde des forêts, cette bête malfaisante, une inscription, en lettres gigantesques, où le nom de l'empereur d'Allemagne s'accompagnait, en toute sérénité, d'une grasse injure bien française. Et jamais, en dépit de toutes les enquêtes, de toutes les persécutions et de toutes les recherches, jamais le gendarme allemand, jamais la police allemande,

Silberloch
8 août 15

n'avaient pu soupçonner l'auteur de cette profession de foi si tranquillement provocatrice, jamais le gendarme allemand, jamais la police allemande, n'avaient pu mettre la main sur lui...

Or voici qu'en août 1914, lorsque les premières troupes françaises eurent cantonné dans la vallée de la Thür, les demoiselles D... reçurent une lettre de Besançon. Un domestique de leur père, — leur père, mort depuis, exerçait avant la guerre de 1870, la médecine à Saint-Amarin où les demoiselles D... étaient demeurées, — ce vieux domestique qui, en quittant leur service, s'était retiré à Besançon, leur écrivait :

— « Mes chères demoiselles, — je crois que le moment est venu de vous révéler un grand secret. C'est moi qui avais écrit « ... pour le Kaiser » sur la maison de M. le Garde des Forêts... »

Oui, *le moment était venu*, en effet, et ce moment attendu avec tant de ferveur, nous avons pu constater que, tout autant que dans la vallée de la Thür, il était accueilli avec une joie égale dans la vallée de la Doller, ou dans la plaine de Dannemarie. Dannemarie, c'était le Saint-Amarin des secteurs de la plaine. On y venait au sortir des sapes de la Maison Forestière, par exemple, comme, à Saint-Amarin, en descendant du Südel ou de l'Hartmann. Une « Maison Forestière » avec des sapes, quand le seul nom de « Maison Forestière » évoque des ombrages accueillants et frais, quelque joyeux pique-nique, et l'omelette et le bon lait que vous apporte la femme du garde...

Sans doute là-haut, sur l'Hartmann, une canonnade entendue dans la plaine ne nous préoccupait guère : — Ce n'est rien! ça doit se passer du côté de Dannemarie!... Et de même, d'ailleurs, transportés dans un secteur de Dannemarie, nous écoutions sans émotion excessive ce qui nous semblait devoir être « encore un coup des Boches sur l'Hartmann ».

Mais tout cela était terre d'Alsace délivrée ou à délivrer.

Et certes cette Alsace était encore empoisonnée, par endroits, des ferments mauvais que l'Allemand avait pris grand soin d'y laisser en se retirant, pour retarder notre conquête, comme il avait accoutumé, quand il devait abandonner une position, d'y préparer, à l'intention des nouveaux occupants, des fourneaux de mine... Nous avons eu aussi de belles histoires d'espionnage. Dans la vallée de Saint-Amarin, c'étaient les bouteilles confiées aux eaux de la Thür pour porter nos secrets militaires jusqu'aux lignes ennemies. Et à Dannemarie, il y eut les téléphones dans les caves, les téléphones pour régler le tir des batteries allemandes qui démolirent une seconde fois le viaduc à l'instant précis où, reconstruit, on s'apprêtait solennellement à inaugurer sa mise en service. Elles étaient d'ailleurs bien pittoresques et imposantes, ces ruines du viaduc de Dannemarie, on eût dit, à les voir ainsi, d'un coin de la campagne romaine, et le savant travail de nos ingénieurs eût, à coup sûr, beaucoup moins tenté les amateurs de photographie, si les Boches ne l'avaient pas fait sauter... Mais nous ne voulons pas insinuer qu'il ait sauté sur l'indication des photographes !...

Les briques de ses arches détruites, comme celles du Forum ou de Pompéi, n'enrichissent point, cependant, le petit musée de guerre que rapportait pieusement chez lui chaque permissionnaire ; c'eût été un souvenir un peu encombrant ; et puis les entrepreneurs de Belfort en avaient, certainement, un emploi meilleur, plus pratique et plus immédiat. Les petits cailloux roulés par la Doller, avec leurs reflets et leurs facettes multicolores, étaient plus précieux et

plus appréciés, qui rehaussèrent d'un intérêt nouveau, lorsqu'elles
commençaient à être un peu démodées et banales, les classiques
bagues d'aluminium.

Et le plus joli souvenir, le plus émouvant, pour les combattants
de ce coin d'Alsace, fut encore celui qu'avait imaginé l'ingéniosité
du chef armurier du 152ᵉ régiment d'infanterie, — de ce fameux
Quinze-Deux qui inscrivit dans cette région
les pages les plus héroïques de son histoire
glorieuse. Lors de la prise de Steinbach, on
avait retrouvé dans les décombres de l'é-
glise les morceaux de la cloche qui s'était
brisée en tombant du clocher
fracassé. Le chef armurier avait
eu l'idée de les recueillir, d'en
ciseler divers objets, et c'est
ainsi que j'ai pu suspendre au
berceau de ma petite fille une
croix faite avec le métal de la
cloche de Steinbach.

Et je me souviens de cette
chanson des « Cloches d'Alsace » qu'un soir où les bataillons donnaient un grand concert « suivi de retraite aux
flambeaux et de bal », pour
inaugurer le kiosque à musique que nous avions construit
sur la place de Saint-
Amarin, je me souviens
de cette chanson qu'un
chasseur qui avait une

voix magnifique — on trouve de tout dans les bataillons de chasseurs — se mit à entonner avec l'accompagnement d'une fanfare. Ce n'était plus la *Madelon ;* — mais la mélodie s'élevait, puissante et grave, appelant tous les clochers d'Alsace au carillon de la délivrance prochaine. Et j'ai songé bien souvent, depuis, et plus encore depuis la victoire, j'ai songé à la charmante place de Saint-Amarin, à la foule confiante et cordiale qui se pressait autour de ce kiosque pacifique dont nous étions si fiers, j'ai songé à la belle chanson, et au chasseur qui la chantait avec tant de flamme, et aux autres chasseurs; à tous les chasseurs mes camarades, — en regardant la croix de ma petite fille, la croix faite du métal brillant et sonore de la cloche de Steinbach...

Les cloches d'Alsace ont sonné !...

LE
CHEMIN DES DAMES

Un méchant che-
min de grande
ou moyenne
communication, pas même une route départementale!... Et voilà le
lieu de tous ces combats sanglants, où, pendant des mois, des
années, fut suspendue notre angoisse, où il sembla même un instant
que devait se jouer le sort de la France!...

Un matin de juillet 1917, après une vertigineuse attaque en
direction de la ferme de la Royère, tous les objectifs dépassés, ils
étaient là une dizaine de petits chasseurs — l'aîné n'avait pas
vingt ans — qui fumaient de gros cigares en surveillant la contre-
attaque. Fumer à cinq heures du matin de ces gros cigares boches,
durs et verts, qu'est-ce qu'elles auraient dit, si elles les avaient vus,
les pauvres mamans de ces héroïques gamins!... Il est vrai que, si
elles les avaient vus alors, d'autres sujets d'effroi auraient bouleversé
leur sollicitude et leur tendresse, d'autres sujets plus pressants que
la crainte, les voyant ainsi fumer, qu'ils n'en fussent malades!...

Mais le cigare de l'ennemi tué ne fait jamais mal au cœur. Et c'étaient les cigares de quelque « oberst », en effet, découverts dans l'abri bétonné dont les occupants avaient été chassés à coups de grenades, que dégustaient fièrement, de si bon matin, ces jeunes vainqueurs...

Et comme je leur demandais s'ils savaient que l'abri dont ils s'étaient emparés, était creusé, précisément, en dessous de la chaussée du Chemin des Dames, ce nom fameux, cet emplacement tragiquement célèbre, ne semblèrent pas les impressionner autrement, et simplement avaient-ils constaté que « c'était bien possible », sans en perdre une bouffée de cigare...

Et j'ai un autre souvenir. C'était après la victoire de la Malmaison. Le moulin de Laffaux, le château de Pinon, étaient soudainement et miraculeusement devenus des endroits touristiques vers lesquels s'empressaient les missions de journalistes et de parlementaires. On venait déjeuner à Soissons, et de là on s'engageait sur la route de Maubeuge pour aller admirer des carrières célèbres, des entonnoirs extravagants; et l'on ne savait si l'on devait s'émerveiller davantage, ou de la puissance terrifiante avec laquelle les artilleurs avaient bouleversé le terrain, ou de l'habileté et de la rapidité dont témoignaient les sapeurs du génie pour réparer les dégâts causés par les artilleurs, et rétablir derrière eux une circulation presque normale... Donc la route de Maubeuge connut alors des visiteurs qui, par leur qualité et leur notoriété bien parisiennes, la rendaient quasi semblable au boulevard à cinq heures du soir. En sorte que les conversations finissaient par y devenir des conversations de boulevard, une fois la première émotion passée et les premiers cris arrachés par la grandeur tragique d'un spectacle inouï. J'entends encore un de ces visiteurs, et non des moindres, apporter, sur cette route de Maubeuge, les derniers potins de l'affaire Bolo; aussi bien n'était-ce point un sujet de conversation si incohérent ni si déplacé, en cet endroit où s'était déroulée la partie capitale de l'offensive d'avril, dont les suites ne furent peut-être pas sans quelque relation avec cette affaire. A un embranchement de la route, soudain quelqu'un s'arrêta, arrêta ses compagnons, interrompit le personnage bien informé, et montra sur la droite :

— Le commencement du Chemin des Dames!...

— Ah! oui, parfaitement!... acquiesça le conteur avec un regard complaisant et distrait; puis le petit groupe reprit tout aussitôt sa marche, et notre homme ses révélations passionnantes.

La véritable importance stratégique du Chemin des Dames, beaucoup mieux que sur le terrain, beaucoup mieux qu'auprès des « exécutants » chargés de s'en emparer ou de le défendre, on la percevait pleinement sur l'immense plan en relief qu'avait fait établir par son service géographique le chef de la sixième armée. Ce plan occupait à lui seul un petit salon de cette belle villa de Belleu, où le général commandant la sixième armée avait installé son quartier général, tandis que tout autour, dissimulées sous les arbres du parc,

des baraques en bois, que le camouflage avait soigneusement peintes
en vert et jaune, et recouvertes de branchages, ce qui leur donnait
l'aspect d'un joujou de Noël, des baraques Adrian abritaient l'État-
Major. Elle était confortable la villa de Belleu, elle n'était pas d'un
goût très pur, et se singularisait notamment par tout un luxe
d'appareils d'éclairage du plus fâcheux style munichois. Seul le petit
salon, qui servait de bureau à l'officier d'ordonnance du général,
avait été débarrassé en partie pour faire place au plan en relief du
Chemin des Dames. Devant ce plan, dans ce petit salon, je revois,
réunis le 24 octobre 1917, les correspondants de guerre français,
anglais et américains, à qui, tout rayonnant de la victorieuse opération de la veille, le chef d'État-Major explique comment elle fut
conçue et exécutée. Soudain la grande porte s'est ouverte sans bruit,
qui communique avec le cabinet du général, et le général, mêlé aux
journalistes, écoute les explications de son chef d'État-Major; c'est,
grand et mince, un peu voûté, les yeux plissés de bonhomie et de
malice, toujours souriant et simple, et tenant entre les doigts son
éternelle cigarette, c'est le général Maistre qui, depuis hier, a inscrit
son nom dans l'histoire de la guerre avec cette désignation magnifique : le vainqueur de la Malmaison.

La victoire de la Malmaison avait dégagé le Chemin des Dames,
elle en rendait, d'un bout à l'autre, la position intenable pour l'ennemi;
c'est ce que le plan en relief rendait sensible aux regards même des
profanes, aux esprits les moins avertis. La répercussion devait se faire
sentir aussitôt jusqu'au delà d'Hurtebise et de Craonne. C'était
désormais Soissons complètement dégagée, où en toute sécurité
pourraient se réinstaller les commerçants empressés à nous vendre
des cuirs anglais, de la parfumerie et des conserves de toutes sortes.
Et les dames américaines venues à Blérancourt pour aider avec un si
généreux empressement à la reconstitution des villages de l'Aisne
que les Allemands avaient laissés en un si lamentable état lors de leur

précédent repli, les dames américaines pouvaient, joyeuses et fébriles, vérifier le bon fonctionnement de leur cuisine roulante automobile qui devait servir, en arrivant à Laon, à donner tout de suite de la bonne

soupe chaude à la population libérée, mais affamée sans doute...

Hélas! l'incompréhensible et foudroyante surprise d'une nouvelle offensive allemande allait, quelques mois plus tard — mais pour un temps, cette fois, heureusement court — détruire brutalement de légitimes espérances, tous les fruits précieux de la victoire de la

Malmaison. Dans Soissons à nouveau bombardée, les Allemands redescendirent du Chemin des Dames reconquis et dépassé au pas de course; ils revirent les vergers, dont, en se retirant l'été précédent, ils avaient coupé les arbres, et qui blessés, martyrisés, leur tendaient encore cependant des branches verdoyantes toutes neuves — car la nature au printemps se montrait plus forte que la haine et l'odieuse perversité de ses bourreaux, monstres à figure d'hommes... Belleu fut atteint, que l'état-major de l'armée avait dû quitter en toute hâte sous les obus : un officier fut tué là devant sa baraque, l'innocente petite baraque, comme un jouet de Noël, où le premier bureau rangeait ses paperasses, le premier bureau, aux occupations paisibles entre toutes : personnel, avancement, décorations... Comme il semblait loin maintenant le jour radieux où, à tire-d'aile, dans l'air brumeux et froid de cette matinée du 23 octobre, un pigeon-voyageur était arrivé le premier, pour annoncer au général Maistre que le fort de Malmaison venait (il y avait sept minutes exactement), venait d'être occupé par nos troupes qui « progressaient sur toute la ligne »!... Et je me suis souvent demandé ce qu'était devenu le beau plan en relief, sur lequel avait été étudiée si minutieusement, et si bien préparée la victoire d'octobre, — si l'on avait eu le temps de l'emporter, pris la précaution de le détruire, — ou si, au contraire, les Allemands l'avaient retrouvé là, dans le petit salon attenant au cabinet du général et qui servait de bureau à son officier d'ordonnance, si les Allemands, après nous avoir repris le Chemin des Dames, en avaient pu remporter avec eux, trop précieux trophée, cette effigie de plâtre ?. .

La foudroyante avance ennemie sur le Chemin des Dames fut accueillie avec une émotion que l'on n'a pas oubliée ; mais surtout elle causa une stupeur singulière à tous ceux qui, au cours des mois précédents, avaient été appelés à participer aux durs et multiples combats dont le Chemin des Dames avait été le théâtre et l'objectif constants. Eh! quoi, quelques heures avaient pu suffire pour jeter bas ce formidable système de défense, édifié (eux, ils le

savaient mieux que personne !) au prix de quels efforts, de quels sacrifices et de quelle peine, cimenté avec tant de sang !

Quand on avait vu comme eux, au moment de la préparation des offensives, cette route de Soissons à Reims, à peu près parallèle au Chemin des Dames, et qui était comme les coulisses de la bataille !... Quelle puissance de moyens d'action, quelle abondance de troupes de toutes armes et de toutes couleurs !... Depuis les Annamites, tout menus et souples, employés à construire les immenses baraquements des installations hospitalières de campagne, pour lesquels ils se montraient des ouvriers exceptionnellement adroits et habiles, jusqu'aux Soudanais, jusqu'aux Malgaches, à la fois terribles et ingénus !

Ah ! il ne faisait pas bon avoir affaire à quelqu'un de ces nègres, placé en sentinelle à l'entrée d'un village, quand on avait oublié le « mot » !.. Et même quand on le savait, ce mot, mais qu'il était d'une prononciation un peu difficile : si vous ne le prononciez pas avec l'accent « nègre », qui le déformait parfois d'une façon vraiment inattendue et spéciale, il vous fallait renoncer à passer !

La légendaire férocité de ces braves soldats de couleur se mêlait d'ailleurs à la plus naïve bonhomie.

Je revois encore cette scène : a Braisne, devant la maison du commandant de l'un de ces bataillons malgaches, était arrêtée une automobile américaine. Le planton du commandant, en faction à la porte, regardait l'automobile, regardait le conducteur américain. Et comme il était de nature avenante, et que le silence lui pesait : « Y en a bon ? » demande-t-il à l'Américain. L'Américain sourit et se tait. « Y en a pas bon ? » insiste le Malgache. L'Américain sourit encore mais se tait toujours. Alors l'autre, superbe et méprisant : « Ti pas connaître français ? Ti jamais allé à l'école !... »

Au repos, ces bataillons donnaient des fêtes merveilleuses, et les plaines de l'Aisne retentirent de chants aux accompagnements

étranges, et virent des danses qui évoquaient les cieux les plus lointains!
Certaines de ces danses cependant ne laissaient pas d'être adaptées
au cadre et aux circonstances, et il nous souvient d'avoir vu un grand
diable de nègre improviser et mimer une extraordinaire « danse de la

bombe à ailette », avec les gestes de frayeur, quand le sifflement
précurseur s'est fait entendre, les mouvements désordonnés, pour
échapper aux menaces d'éclatement, et le « pas de l'allégresse » quand
la bombe, ayant éclaté, vous a laissé indemne... Et ce divertissement
montrait bien que les troupes noires, en dépit de ce qui a été dit,
pouvaient « tenir sous le bombardement », que le bombardement ne
ne leur causait plus cette sorte de terreur sacrée des premiers temps,

puisque maintenant ils le tournaient en dérision et en accueillaient
la parodie avec de grands rires naïfs...

Même sans être un nègre, on avait l'occasion certes de se familia-
riser avec toutes les sortes de bombardement. Sur les arrières, jusque
sur nos hôpitaux, les avions faisaient rage. C'est dans cette région
que régnait le fameux Fantomas, le Boche légendaire qui descendait
jusqu'à vingt mètres des tranchées ou des routes qu'il devait mitrailler ;
on tirait dessus, on croyait l'avoir abattu, — et brusquement il se
relevait, jetant, comme des prospectus sur la plage de Deauville, une
pluie de cartes de visite : « Fantomas. »

Mais nous avions mieux que Fantomas ; nos meilleurs aviateurs
campaient sur les plateaux voisins, si propices à leurs évolutions les
plus téméraires. Longtemps l'escadrille des Cigognes fut, entre
Fismes et Crugny, à la ferme de Bonnemaison. C'est à Bonnemaison
que Guynemer reçut sa croix d'officier de la Légion d'honneur. De
Compiègne, les parents du jeune héros étaient venus assister à son
apothéose. Dans un groupe, après la cérémonie, il s'entretenait fami-
lièrement avec ses chefs ; il disait, avec son admirable simplicité,
ses projets, ses rêves ; ses exploits magnifiques ne le satisfaisaient
pas encore ; pour obtenir les renseignements utiles, nécessaires, il
rêvait d'une manœuvre hardie qui lui permettrait de ramener indemne
un de ses adversaires de l'air : — Oui, je voudrais en prendre un vivant !...

Mais près de lui une voix de femme, une voix timide, mater-
nelle et douce, avait murmuré :

— Non, mon petit Georges, non, j'aime mieux que tu les tues !

Une nuit, une escadrille allemande vint survoler et bombarder
sévèrement Bonnemaison ; mais les heureuses et intrépides Cigognes
l'avaient quitté depuis la veille...

Mais maintenant que les Allemands avaient si aisément, si rapidement, dépassé la route de Soissons à Reims, qu'ils traversaient le
Tardenois, qu'ils marchaient vers Château-Thierry, nous songions,

la rage au cœur, à tous ces camps d'aviation, à tous ces hangars
immenses et bondés d'appareils, à tous ces nids de héros, dont ils
s'empareraient sans lutte, et qu'ils pourraient utiliser ou incendier. Et

tant de positions
de batterie, dont
on n'aurait pu
retirer les pièces,
et tout ce matériel
sanitaire emplis-
sant les baraque-
ments des H.O.E !
Car le remède
avait été partout
soigneusement
placé à côté du
mal, et l'on avait
multiplié, comme
il convient, les
moyens de guérir,
à côté des moyens
de détruire. Sur
les bords de l'Ais-
ne, nous avions
vu arriver un jour
les tentes de l'in-

génieux docteur Marcille, et son « cirque » chirurgical ; et l'Aisne
elle-même avait été sillonnée de péniches propres au transport des
blessés, qui naviguaient de concert avec les canonnières redoutables.
Oui, la rivière avait été, elle aussi, mobilisée, mobilisée comme la
route, comme le chemin de fer avec ses « épis » où s'aiguillaient les
pièces de marine et les trains blindés...

Penser que des wagons passeront à nouveau dans cette région, avec leurs compartiments bourrés de commères et de commis-voyageurs; que l'on circulera à bicyclette sur le Chemin des Dames, et que des pêcheurs à la ligne s'installeront paisiblement le long des rives charmantes de l'Aisne et de la Vesle !... Mais oui, il y avait eu des pêcheurs à la ligne au pont de Pontavert, par exemple, il y en aura encore !... J'évoque Pontavert comme un des endroits les plus sinistres qu'il m'ait été donné de traverser; endroit sinistre à la fois, et sournois : le village n'était pas encore démoli complètement; on y arrivait par une route à peu près tranquille, venant de Roucy, qui était un des grands observatoires de la région, avec la ferme de Beauregard. C'est à la ferme de Beauregard ou au Moulin de Roucy que l'on avait la plus complète vue d'ensemble de cet immense paysage de bataille, jusqu'aux plateaux d'Hurtebise et de Craonne. Paysage de bataille éternel, et que Napoléon, lui aussi, avait contemplé en 1814. On s'est souvent demandé — question piquante mais oiseuse — ce que Napoléon aurait dit et fait, le Napoléon de 1814, s'il s'était tout à coup retrouvé là en 1917 ou 1918 : la seule chose que l'on puisse répondre à peu près sûrement, c'est qu'il eût été bien étonné !... En tout cas il eût été, à tout le moins, aussi étonné que nous, ce jour où, à une demi-heure d'intervalle, dans la prairie qui dévalait près du Moulin de Roucy, nous vîmes atterrir frais et dispos, en parachute, deux observateurs dont les aviateurs ou les artilleurs allemands venaient d'incendier coup sur coup les « saucisses »...

Ce jour-là, si l'on avait dû traverser Pontavert, eût-il fallu prendre à gauche ou à droite? Ce qui caractérisait en effet si agréablement ce joli village, c'est qu'il y avait toujours des obus à y recevoir. On s'arrêtait bien sagement, avant d'y pénétrer, près d'une tuilerie ; de là, on cherchait à se rendre compte si l'artilleur boche visait sur le tableau de gauche ou sur celui de droite, après quoi

Craonnelle
25 juillet 17

on filait à droite ou à gauche, en souhaitant simplement que la fantaisie ne lui prît pas tout à coup de changer sa chance, — et la nôtre, — en modifiant brusquement sa série... Il n'y avait pas de flâneurs, dans les rues de Pontavert, et l'on n'y voyait que des gens courir, ce qui, pour le nouvel arrivant, est toujours un indice de mauvais augure, et un spectacle peu rassérénant...

Si le hasard me ramène quelque jour à Pontavert, j'aimerai m'y promener à tous petits pas. Mais il faut faire un effort pour imaginer que l'on pourrait un jour, tranquillement, aller dans un de ces petits villages, où la vie aurait repris paisible et quotidienne, s'arrêter chez l'épicier d'Oulches, aller acheter des cigarettes au débit de tabac de Dravegny (et d'abord qu'il y eût encore un débit de tabac où il y eût à nouveau des cigarettes...)

Entre la route de Soissons à Reims par Braisne et Fismes et, là-haut, le Chemin des Dames, il y avait une autre parallèle intermédiaire, la route de Soissons à Berry-au-Bac, par Vailly. Ainsi semblait-il que, par avance, la géographie et le service vicinal se fussent plu à ménager les effets, à dresser la carte de nos émotions, à marquer les limites évidentes et commodes pour l'horreur plus ou moins vive, pour le danger plus ou moins grand. Il est certain qu'en dépit des raids d'avions trop fréquents pour que l'on en goûtât pleinement les charmes, le séjour de Fismes sentait encore la civilisation. Il y avait des boutiques de la plus aimable diversité, une charcuterie renommée. On montrait la maison (tout à fait la maison du notaire ou du vieux docteur, même si — j'aurais pu me renseigner — aucun médecin ni aucun notaire ne l'ont jamais habitée...), la maison où le général Mangin avait eu son poste de commandement, lors de l'offensive d'avril, la maison où M. Clemenceau avait couché, quand il n'était pas encore l'organisateur de la victoire...

Les choses commençaient à se gâter presque tout de suite, lorsqu'ayant admiré l'Hôtel de ville, — de ces hôtels de villes qui semblent avoir été construits tout exprès pour y accrocher des drapeaux et y lire, en haut du perron, des proclamations enthousiastes, — on descendait vers le passage à niveau qui consentait rarement à vous laisser passer tout de suite, toujours encombré de troupes, de convois, ou de colonnes d'artillerie, de voitures de ravitaillement. Et après avoir descendu, on remontait aussitôt, pour avoir aussitôt l'impression du calvaire, puisque c'est par là que l'on devait « monter

vers l'avant ». Et l'on s'acheminait ainsi vers cette deuxième parallèle de départ, qu'était la route de Vailly. Ici l'on disait adieu aux derniers civils, comme au delà, il faudrait dire adieu aux dernières maisons.

Maizy, Beaurieux, cités fertiles en artilleurs... A Beaurieux, il y avait encore un hôpital de la Croix-Rouge, un quartier général de division, — il y eut même jusqu'à deux états-majors divisionnaires, chacun dans de gaies et confortables maisons de campagne toutes pleines de jolis meubles, de tentures claires et de portraits de famille : une maison de campagne à Beaurieux ! — La vue, il est vrai, y était magnifique, comme un avant-goût de ce qu'elle devait être au Chemin des Dames... Et il y avait encore, à Beaurieux, quelques gamins qui jouaient dans les rues, ce qui, sans doute, n'était pas très prudent...

Mais après Beaurieux, le paysage devenait exclusivement militaire et tout à fait dépourvu d'agrément, en dépit de ces noms charmants et tentateurs : le P. C. Eden, Moulin Rouge...

C'est à Moulin Rouge que défilèrent une nuit les trois cents prisonniers de la Caverne du Dragon. On n'a pas oublié cette opération si habilement et vigoureusement conduite, avec, aussi, cette part de chance indispensable, de l'aveu de tous les stratèges, pour parachever le succès. Et la première chance n'avait-elle pas été que la « creute » fameuse s'appelât précisément la « Caverne du Dragon », ce qui sonne comme un titre de film cinématographique, bien propre à frapper l'imagination, et à se graver dans les mémoires ?

Aussi bien l'exploit était digne du titre. Les « creutes », carrières ou champignonnières, constituaient des abris de premier ordre, qui rendirent exceptionnellement difficile, longue et pénible la bataille de l'Aisne. Mais, si les occupants s'y sentaient en parfaite sécurité, c'était à condition d'en pouvoir sortir.

Au début de l'affaire que nous relatons, quelques obus particulièrement heureux causèrent des éboulements qui avaient obstrué les principales issues de la Caverne. Après quoi, des asphyxiants énergiques rendirent inquiet et rêveur, comme un renard que l'on

enfume, le Dragon qui était dedans, — ou du moins les 300 Boches qui y figuraient le Dragon.

En sorte que lorsque les assaillants — il suffit même, assura-t-on, d'un seul assaillant — ayant découvert l'unique et dernier couloir de sortie qui fût encore libre, nos Boches furent poliment invités à s'y rendre, — et à se rendre, — ils ne se le firent pas dire deux fois...

Chose extraordinaire, cependant, quand on demanda au médecin allemand de haut grade, que l'on eut la satisfaction de trouver parmi les prisonniers, ce qu'il pensait des effets de nos obus à gaz, le médecin allemand affirma, avec morgue et le plus ironique mépris, que seuls les gaz allemands avaient une véritable, une sérieuse efficacité, mais que les gaz français, grâce à l'excellence des masques allemands — et à l'ignorance, sous-entendait-il, des chimistes et des savants français, — nos gaz étaient une plaisanterie qui faisait sourire de pitié, derrière leurs groins de porc, les soldats allemands : Mais alors pourquoi s'étaient-ils rendus si vite ?...

Établi à l'ombre des grands arbres, dans un site verdoyant, le P. C. Moulin Rouge était un asile sylvestre et champêtre des plus agréables, mais d'un horizon strictement limité ; il fallait gagner à 1 500 mètres environ la lisière du bois, et s'engager sur le chemin, pas toujours très sûr, du Village Nègre pour apercevoir à la jumelle ce qui avait été la Ferme et le Monument d'Hurtebise, et les travaux du Doigt d'Hurtebise que dégagea si heureusement l'opération de la

Caverne du Dragon. Mais le « superbe point de vue », on l'aurait
trouvé de préférence au P. C. Triangulaire.

P. C. Triangulaire, Bois Triangulaire, — la simple géométrie
semble avoir suppléé ainsi dans bien des cas et bien des endroits
du front à l'indigence ou à la paresse d'invention des cartographes.
Du moins comprenait-on aussitôt que le P. C. Triangulaire occupait un point du plateau qui s'avançait en triangle, en effet, comme
une proue de navire, dans la direction de l'ennemi, face à Craonne
et Craonnelle.

Ce qu'un cuisinier que j'ai connu appréciait du P. C. Triangulaire, ce n'était pas cependant le panorama. Il était préférable, aussi
bien, de ne point trop s'attarder à le contempler, et l'on sait de
reste que, dans ce genre de villégiatures qu'étaient les P. C., on
n'avait pas accoutumé, pour séduire les nouveaux arrivants et futurs
locataires, de leur offrir des chambres avec de larges baies que l'on
aurait ouvertes en claquant les volets et en les invitant à admirer
l'étendue du paysage :

— Tenez, vous aurez une vue magnifique sur Craonnelle!...

Mais profitant des heures propices où l'artillerie ennemie se
repose, — on sait que chaque secteur a son « régime » d'artillerie, c'est-à-dire que l'on arrive à connaître assez exactement les
habitudes d'estomac de l'artilleur d'en face, et le moment qu'il
consacre à son déjeuner et à son dîner, — notre cuisinier se glissait
jusqu'aux premiers jardins de Craonnelle, où il avait repéré des

plants d'asperges « que ça aurait été dommage de les laisser perdre sans en profiter »... Ce régal, assurément, n'était pas sans risque. Pourtant si l'artilleur allemand avait modifié ses heures de repas et qu'il fût arrivé malheur à cet amateur d'asperges, eût-il convenu de le citer en exemple comme puni de sa gourmandise ou victime de son héroïsme ? Tous ses camarades, il est vrai, bénéficiaient de cette gourmandise téméraire. Je crois qu'il faut avoir vécu dans la nuit des « creutes », avoir plongé dans les profondeurs des sapes, pour comprendre les suprêmes délices d'y savourer des légumes frais, — attrait qui doit participer de cette lumière dont nous sommes privés, de ce soleil qui les fit croître et qu'ils nous apportent? Et c'est ainsi que je penserai toute ma vie avec émotion aux salades de pissenlits que, durant l'offensive de Moronvilliers, une ordonnance ingénieuse et dévouée trouvait le loisir de cueillir je ne sais où pour nous en procurer le réconfort imprévu dans notre lugubre abri du Bois Noir...

Du Plateau Triangulaire, la vue s'étendait en direction de Laon, sur la plaine bouleversée et désertique, que sillonnaient sans cesse, tragique et sinistre feu d'artifice, l'éclair des obus, les jets de fumée des éclatements.

En direction de Laon : qui eût imaginé que Laon deviendrait ainsi une sorte de Mecque vers laquelle se tendraient tous nos espoirs, toutes nos énergies!...

Qui eût imaginé qu'il serait un jour si difficile d'aller jusqu'à Laon? Et nous pouvions contempler dans la direction de Laon, qui demeurait comme jalonnée par leurs efforts sanglants et tenaces, les traces douloureuses de quelques-uns, parmi les meilleurs, de ces pèlerins héroïques. Là-bas, ces masses noires que nous distinguions à la jumelle, comme les cadavres géants de quelques bêtes d'Apocalypse, c'est tout ce qui restait des tanks et de leurs équipages de vaillants, qui, le 17 avril, s'élancèrent résolument, farouchement

à la mort « en direction de Laon »... Mais non, leur sacrifice sublime
n'avait pas été inutile; il plaçait, il maintenait là, sous nos regards
ardents, sa force exemplaire. Il nous semblait voir briller encore les
flammes où ils avaient péri, et, sur la route du devoir et de la victoire, ces héros et ces martyrs se dressaient pareils à des torches
vivantes et illuminaient nos cœurs...

REIMS

MA première impression de Reims, c'est, sortant de terre, des appels de clairon, des roulements de tambour : un régiment de territoriaux, cantonné là, vaquait tranquillement aux occupations ordinaires de la vie de caserne; dans cette cave, près de laquelle je passais, en toute innocence, « la clique » répétait avec autant de consciencieuse ponctualité qu'en temps de paix, et que si on avait été au bout du petit chemin bordé de haies, le petit chemin creux, à l'écart, derrière les casernes, où il est accoutumé que, dans toutes les garnisons de France, ait lieu chaque jour, régulièrement, l'école des tambours et clairons...

Ainsi, dans cette ville de Reims qui, aux yeux du monde entier, passait avec raison pour le type même de la cité martyre, dans cette ville de Reims où, avec une régularité monotone et sinistre, les communiqués nous annonçaient que l'ennemi avait « encore aujourd'hui » lancé trois cents, quatre cents, cinq cents obus, un semblant d'existence persistait jusqu'en ces derniers mois de 1917, et quelques milliers de civils vivaient encore là, au milieu des troupes chargées de les défendre, avaient réussi à *s'organiser* dans l'angoisse constante, — on n'y pensait plus, — et dans le danger.

Mais oui, il y avait encore des boutiques ouvertes et bien achalandées entre deux maisons en ruines. Par exemple, on les connaissait toutes, et le tour en était vite fait, puisque les destructions systématiques de l'ennemi avaient ramené cette ville immense et florissante aux proportions d'un pauvre village.

Il y avait le marché couvert, où une marchande de légumes, qui portait fièrement l'insigne des blessés, — elle avait été atteinte d'un éclat d'obus au cours d'un précédent bombardement, — s'autorisait de cette circonstance héroïque, la brave fille, pour se donner les allures d'une vivandière de la Grande Armée, et, véhémente, familière et pittoresque, tutoyait les généraux.

Et l'étonnant sentiment de satisfaction, de sécurité et de bienêtre que l'on éprouvait à flâner aux *Sœurs de Charité*, à s'arrêter le long des comptoirs tout chargés de choses parfaitement inutiles, à acheter ces choses inutiles, ou du moins à les marchander avec les vendeuses, douce frivolité du temps de paix, du temps où les Allemands ne bombardaient pas Reims, du temps où il n'y avait pas d'obus...

Oui, le secteur de Reims, à tout prendre, n'était pas un mauvais secteur; malheureusement, on l' « empoisonnait » un peu avec les « coups de main ». On comprend très bien que le commandement militaire ne puisse laisser des troupes et leurs cadres uniquement occupés à manger des macarons et des biscuits en fraude, et à

traîner délicieusement au marché ou au bazar. Et comme, d'autre part, il fallait renoncer à tenter contre des positions formidables une opération de grande envergure dont le succès même n'eût point compensé les sacrifices qu'elle eût nécessités, on s'en tenait aux « coups de main » qui inquiètent constamment l'ennemi et renseignent sur ses intentions. Seulement, l'ennemi ne veut pas demeurer en reste et répond aux coups de main par d'autres coups de main. Cela se traduit surtout par des débauches d'artillerie. Que l'on « pilonnât » la tranchée d'en face, pour en rendre le séjour intenable à ses occupants, ou qu'on l' « encageât » de façon à les isoler et à les priver de tout secours ou de toute retraite, la dépense en projectiles représentait toujours un minimum de plusieurs centaines de mille francs. Après quoi on « allait y voir », c'est-à-dire qu'il s'agissait de ramener des prisonniers, ou de rapporter tout au moins une casquette, une patte d'épaules, sur quoi s'exercerait l'esprit subtil des deuxièmes bureaux, chargés de dresser l'ordre de bataille ennemi : tel chiffre sur une patte d'épaules, telle cocarde à une casquette, c'était la preuve que l'ennemi avait relevé ses divisions, que les unités d'occupation avaient été remplacées par des unités d'attaque, cette patte d'épaule pouvait être l'indice certain d'une offensive imminente, d'une grande offensive. Dans la pratique, les coups de main, en dépit de la science militaire des chefs, et de l'énergique audace des exécutants, ne comportaient pas toujours des résultats aussi efficaces et aussi heureux. Ce qui seul ne changeait guère c'était le prix de la préparation d'artillerie, c'étaient tous les billets de mille francs qui s'envolaient au vent des obus, ces obus destinés à « encager » ou à « pilonner » une tranchée, que les occupants, méfiants, avaient peut-être prudemment abandonnée la veille, ou (c'était suffisant) une demi-heure avant. Et j'entendis bien souvent soutenir cette thèse que le caractère et la moralité du soldat allemand n'eussent peut-être point rendue si paradoxale : « Nous allons dépenser pour 500000 francs de projectiles, au bas mot, et nous

allons risquer la peau, qui, elle, est inappréciable, d'un certain nombre de braves gens. Tout cela dans l'espoir problématique de ramener un prisonnier. Si, parmi les Boches d'en face, on savait qu'il y a une prime de 10 000 francs assurée au Fritz de bonne volonté qui viendra se la faire verser à notre poste de commandement — 10 000 francs et la « guerre finie », — ne croyez-vous pas qu'il y aurait beaucoup plus d'amateurs que pour le coup de main lui-même? Et, sans compter le risque, on économiserait 490 000 francs! »

On n'en continua pas moins à illustrer de la sorte, et à rendre notoires, les différentes parties du secteur de Reims : « Aux Cavaliers de Courcy, un coup de main heureux nous a permis de faire des prisonniers. » Les Cavaliers de Courcy, Bétheny, que tant de revues avaient rendu célèbre: notre puissance militaire s'affirmait autrement, maintenant, que par des revues, et l'Allemagne était appelée à s'en rendre compte de plus près que par les rapports d'un attaché militaire. Mais la vraie défense de Reims était dans Reims même, dans les rues

de ses faubourgs, et, mieux, dans ses caves, ces caves; jadis curiosité
de la ville, qui étaient sa richesse, et qui furent peut-être son salut.

On a pu dire que l'un des vainqueurs de la Marne — entre Gal-
lieni et le maréchal Joffre — avait été sans doute le vin de Champagne. Et il est bien vrai que, jusqu'aux points extrêmes de leur avance
vers Paris, on remarqua, après leur départ, que les Boches avaient bu
du champagne, et apparemment en avaient trop bu; en arrière
des éléments de tranchée hâtifs et rudimentaires que l'on creusait
alors, on retrouvait des amoncellements de bouteilles,
dont le goulot même avait été cassé, pour les vider plus
vite, les bouteilles dont les Alle-
mands remplissaient au passage,

à travers le pays champenois, leurs sacs et leurs musettes, et qui les laissèrent déprimés, exténués, ivres de vin, de peur et de fatigue, devant le foudroyant retour offensif de l'armée française. Comme cela est éloquent et joli, cette participation réelle du vin de champagne à notre victoire, champagne à qui l'on prête avec raison les meilleures vertus de notre race, spirituel, hardi, pétillant, mousseux, comme la France elle-même, et par qui, pour une part, la France devait être sauvée !

Mais surtout n'était-il pas naturel et juste que Reims, cité du vin de Champagne, fût vraiment sauvée par son vin de Champagne ?

On a affirmé que les coloniaux, à qui avait été principalement confiée la défense de Reims, avaient fait ce serment : — Tant qu'il y y aura encore, dans les caves de Reims, une bouteille de champagne, les Boches n'entreront pas dans Reims !... Et il est bien certain que, pour mieux tenir le serment, les coloniaux burent eux-mêmes de nombreuses bouteilles. « Encore une que les Boches n'auront pas !... » Mais on doit admirer avec quelle discipline, qu'ils s'étaient eux-mêmes imposée, ils se gardaient soigneusement de toucher une goutte de vin, le jour et la veille du jour où ils savaient qu'ils allaient attaquer ou monter en ligne. Savoir pour qui ou pour quoi l'on se bat, le savoir d'une façon concrète, immédiate, précise, tenir le trophée à portée de sa main, un trophée dont on apprécie tout le prix, dont on connaît et dont on aime la valeur rare, voilà donc, à n'en pas douter, le meilleur stimulant, un des éléments moraux essentiels de la victoire. Ce stimulant, cet élément moral n'a pas manqué aux défenseurs de Reims : c'était le champagne ! Il y en eut d'autres, concordants. Et l'on pourrait décider en somme que Reims fut sauvée par son vin, par son maire, et par son archevêque.

Il faut avoir vu le docteur Langlet au milieu des ruines de sa ville, et le cardinal Luçon parmi les décombres de sa cathédrale : on comprenait alors ce que veulent dire ces mots, l' « âme de la défense ».

Le jour où les Allemands commencèrent de bombarder Reims,

Reims 8 8e 1917

le conseil municipal était réuni à l'Hôtel de Ville. Aux premiers coups
de canon, le maire se précipite avec l'un de ses adjoints pour rassurer
la population et vérifier si toutes les mesures de protection ont été
prises. Un obus tue son compagnon à ses côtés. Le docteur Langlet
ne songe d'abord qu'à adoucir la douleur de la veuve, à lui éviter
l'émotion atroce. Puis il revient à l'Hôtel de Ville. Ses collègues,
pris sous la menace du bombardement se sont dispersés. L'ardent
vieillard les rassemble, les adjure de ne pas donner à la ville l'image
de la panique, dangereuse et avilissante. Quand on a l'honneur
d'administrer Reims, c'est dans la grande salle des délibérations de
l'Hôtel de Ville de Reims que ses édiles doivent siéger. Et réconfortés
soudain, exaltés par la parole enflammée de leur maire et la noblesse
de son exemple, les conseillers municipaux rentrent en ordre, repren-
nent séance dans le calme et la dignité. Je sais qu'au cours d'une
cérémonie récente, où l'on rapportait devant une assemblée de journalistes du monde entier ces faits héroïques, un Américain ne put
contenir son admiration, et, saisissant la main du docteur Langlet,
il la porta respectueusement et dévotieusement à ses lèvres... Le
geste d'hommage tout pareil associait l'héroïsme du maire à celui
de l'archevêque. Combien de lèvres s'inclinèrent ainsi, courbées par
une émotion plus forte que la foi et les rites, pieuses et émerveillées,
sur l'anneau d'améthyste de Mgr Luçon? Lui aussi, l'archevêque à
côté du maire, incarna l'âme de la ville qui ne veut pas se rendre,
qui, blessée à mort, ne veut pas mourir, et qui réalise, en effet, le
miracle de se survivre à elle-même : Reims est détruite, et pourtant
Reims rayonne, immortelle, toujours debout!...

Comme le docteur Langlet, le cardinal Luçon voulut demeurer
là, jusqu'au bout, comme un exemple et un témoin. Un témoin : il
faut avoir entendu, en effet, l'archevêque jeter bas l'excuse menson-
gère des Allemands, quand ils sont venus prétendre que, s'ils ont
bombardé la cathédrale de Reims, s'ils ont commis le crime dont la

postérité ne cessera pas de leur demander compte, c'était par néces-
sité militaire, et parce que les tours de la cathédrale avaient été
utilisées comme observatoire par nos artilleurs. Mais le témoin est
là, c'est l'archevêque. Et quand, drapé dans sa pourpre cardinalice,

Mgr Luçon répond aux Boches : « Je donne ma parole devant Dieu,
ma parole d'homme et de prélat, que jamais les tours de la cathédrale de Reims n'ont abrité un observateur et n'ont failli à leur mission sainte, sentinelles, oui, mais sentinelles uniquement de prière
et de foi! », — que vaut la prétention allemande, que valent les
prétextes misérables des vandales allemands devant un semblable
témoignage?

Le cardinal Luçon aimait à se mêler aux soldats qui venaient
défendre Reims, et tous ont conservé le souvenir de cette haute et

noble figure qui se penchait si volontiers, si simplement, sur les misères de chacun. Même un régiment qui, dans ce secteur comme partout où il passait, avait su s'imposer aussitôt et marquer glorieusement sa place, le 152e, n'avait-il pas, sur sa demande, nommé Mgr le cardinal Luçon son aumônier honoraire? Or, à quelque temps de là le vaillant régiment reçut, le premier des régiments de France, la fourragère aux couleurs de la Légion d'honneur, la fourragère rouge. Le cardinal Luçon, aumônier honoraire du Quinze Deux, fut invité à dîner au P. C. du colonel, qui lui remit l'insigne distribué aux hommes de troupe et aux officiers. Peut-on dire sans inconvenance que le cardinal ressentit, en se parant de cette fourragère rouge, une joie égale ou comparable à celle que lui avait causée le chapeau? En tout cas, ce qui est certain, c'est qu'après ce dîner mémorable qui s'était prolongé un peu plus que de coutume, — Mgr Luçon ne s'asseyait pas tous les soirs à une popote d'officiers, et l'on ne traitait pas tous les soirs un cardinal à la popote, — Mgr Luçon regagnait à une heure déjà tardive Reims et Sainte-Geneviève où il avait dû transporter sa demeure archiépiscopale; et il était si heureux, si fier, — oui, vraiment! — de sa fourragère, qu'il voulut la faire admirer et narrer en détail la cérémonie aux bonnes religieuses qui, elles non plus, n'avaient pas quitté Reims et partageaient avec l'archevêque son dangereux apostolat. Comme cette nuit, par extraordinaire, les obus allemands les laissaient à peu près tranquilles, elles en avaient profité pour prendre sans attendre un repos qui était rare. Mais n'importe! on n'a pas tous les jours, ou toutes les nuits, la fourragère rouge. Et l'archevêque tint absolument à ce qu'elles fussent réveillées sur l'heure. D'ailleurs, vous pouvez être assurés qu'elles ne furent alors, les saintes filles, ni moins joyeuses, ni moins fières que leur archevêque!... Mais il y a une suite à cette petite histoire, une suite qui vraiment n'est pas ordinaire! Ce cardinal qui, sur sa robe, accrochait une fourragère rouge, était-ce bien réglementaire? Mgr Luçon avait-il

réellement droit au port de la fourragère rouge ? Il était aumônier
honoraire du 152. Mais il n'y a pas d'aumôniers honoraires,
Mgr Luçon ne figurait pas, ne pouvait pas figurer sur les contrôles
du régiment. Et il se rencontra des parlementaires pour s'inquiéter et
s'émouvoir de cette infraction aux règlements, de cette *illégalité !*...
Il est seulement fâcheux que ces personnages si scrupuleux n'aient
pas pris soin de confronter leurs scrupules avec l'opinion des vrais,
des premiers intéressés, de ceux à qui, précisément, leur vaillance
avait conféré la fourragère rouge, et qui, mieux que personne, —
mieux même qu'un parlementaire, — étaient qualifiés pour apprécier
si leur fourragère serait ou non déplacée sur l'épaule du cardinal, si
oui ou non le cardinal Luçon était digne de la porter et ne l'avait pas,
lui aussi, gagnée et bien gagnée !...

Mais c'est la question qui était déplacée, et superflue ! Comme
si aucun témoignage d'admiration et de gratitude avait pu sembler
trop haut, trop beau, pour l'Archevêque de Reims, au même titre
qu'aucun témoignage de piété et d'admiration ne pouvait égaler
notre douleur émue devant la Cathédrale de Reims !... Le cardinal
Luçon, c'était l'évocation vivante de la cathédrale comme l'Hôtel de
Ville s'incarnait magnifiquement dans le docteur Langlet ; et ces deux
vieillards admirables dominaient leur cité meurtrie, comme toutes
les blessures, toute la « passion » de Reims étaient et demeurent
figurées par l'Hôtel de Ville et la cathédrale. Reims a pu être frappée
ailleurs, dans son luxe, dans sa richesse ; le quartier Cérès, qui
disait l'orgueil et l'opulence de son trafic dans le monde, de ses
laines et de ses vins, le boulevard Lundy, ses constructions élégantes, ses hôtels somptueux, ne sont plus qu'un monceau de ruines.
Ruinés également, abattus, mutilés, détruits les joyaux d'art, comme
cette exquise Maison des Musiciens, qui faisaient son incomparable
parure. Mais c'est devant l'Hôtel de Ville, c'est devant la cathédrale,
que nous venons saluer Reims martyrisée, que nous venons pleurer

et nous souvenir. Les ruines aussi ont leur beauté; et pour la honte de l'ennemi, ce qui reste de l'Hôtel de Ville, les murailles qui résistèrent à l'obus brutal et à l'injure des flammes, atteignent à une grandeur nouvelle, plus éloquente, plus âpre, plus farouche, où s'étonne et s'exalte davantage encore notre indignation.

De loin, la Cathédrale apparaissait la moins touchée; quand, des coteaux voisins, de la route, par exemple, qui, en lacets, descend sur Jonchery, on apercevait à l'horizon, dominant la plaine, ses tours comme deux bras tendus dans un geste de prière, oui, ses tours étaient encore dressées, qui maintenaient, semblait-il, sa silhouette intacte, et un soupir de soulagement, une action de grâces, s'échappait de nos poitrines : — Allons!... le mal n'était pas encore si grand, le désastre n'était pas consommé, la Cathédrale n'avait pas subi les atteintes que redoutait notre angoisse !...

Hélas ! à mesure que nous approchions s'évanouissait cette illusion favorable. On n'a pas oublié les premiers obus incendiaires, lancés sur la Cathédrale, et qui mirent le feu aux échafaudages de la façade, — avez-vous vu souvent une cathédrale sans échafaudages, gloire et spécialité des architectes diocésains ? Il faut le dire : les flammes donnèrent à la pierre une couleur admirable, inouïe. Bien souvent, en effet, loin d'en abolir la beauté l'incendie communique à la pierre ou au marbre une beauté nouvelle. C'est ainsi qu'une figure de Falguière, une figure d'adolescent a été retrouvée dans les cendres du musée de Gerbeviller, entièrement modifiée, transfigurée par la morsure des flammes avec une expression de désespérance et de sublime détresse telles que ne les avait jamais réalisées l'ébauchoir de l'élégant sculpteur. Et la patine singulière dont la partie incendiée de la Cathédrale s'était revêtue faisait ressortir davantage la blancheur écœurante du Palais de Justice tout proche, dont les blocs de pâtisserie fade n'avaient pas encore été touchés, comme si l'obus allemand dans son ignoble besogne avait pris grand soin de respecter la laideur, — la laideur complice, et qu'il reconnaissait comme une amie, sans doute, presque une parente... Mais, en s'écroulant, les échafaudages avaient déjà fort endommagé les ornements charmants de la façade, et, comme l'adolescent de Falguière qui s'était mis à pleurer, la Cathédrale de Reims, sous les flammes, avait vu se crisper douloureusement son Sourire...

Puis ce furent les blessures cruelles, profondes, de l'abside, sous le bombardement méthodique, organisé, régulier. Et les décombres s'amoncelèrent, autour du Christ qui semblait présider, Juge et suprême témoin du crime sacrilège, à une nouvelle Passion : — la Passion des Pierres Saintes et de l'Art Sacré, insultés, frappés par les barbares, et qui tombent une fois, deux fois, pour ne plus se relever...

Les relèvera-t-on, ces pierres écroulées, ou les laissera-t-on telles quelles, avec même, au milieu d'elles, ces obus monstrueux

qui n'avaient pas éclaté, et qui sont encore là comme le cambrioleur
assassin surpris et arrêté avant d'avoir pu accomplir son odieux for-
fait, maintenant réduits à l'impuissance et ligotés au pilori de l'in-
famie universelle? Quoi qu'il en soit et quoi que l'on décide, de
longues années s'écouleront sans doute avant que la Cathédrale de
Reims renaisse, entièrement guérie de ses ruines et de ses cendres.
Le crime qui l'a abattue est un crime contre la civilisation; c'est le
monde civilisé tout entier qui s'est ému, et prend à cœur d'en
effacer la trace. Mais une pierre de la Cathédrale, une pierre suffira,
qu'aucun effort ne pourra jamais plus soulever, lourde, si lourde, —
lourde de trop de crimes longuement médités et lâchement exécutés,
— une pierre de la Cathédrale de Reims scelle pour toujours le
tombeau où l'on a jeté et où pourriront pour l'éternité l'orgueil ger-
manique et l'honneur du nom allemand.

VERDUN

J'entends encore cette Américaine, près des vieux remparts de Verdun, qui, tout à coup, dans l'automobile arrêtée, fronçant les sourcils, l'index levé, écoutait, prodigieusement intéressée :
— Taca, taca... mitrailleuse ?... — et tendait les lèvres, avec une petite moue espiègle, comme un enfant vers des friandises... — Taca, taca !...
— Elle eût été fort déçue, sans doute, si on lui eût dit que c'était bien une mitrailleuse, en effet, mais une mitrailleuse française dont un aviateur français, en prenant son vol, essayait la bande... Et l'officier d'état-major qui accompagnait cette charmante jeune femme se garda

bien de la détromper. Il avait, par ailleurs, assez à faire pour la dis-
suader de tirer le canon ; car c'était chez elle une idée fixe, une idée
qu'elle s'était mise dans la tête qu'elle « tirerait le canon de Verdun » —
avec une ficelle, n'est-ce pas, comme on voit la Grande Mademoi-
selle, coiffée de son feutre empanaché... Il ne faut pas sourire de
semblables curiosités dont Verdun était l'objet constant, et moins
encore s'en montrer choqué et crier à l'inconvenance. Il ne faut pas
oublier que la défense de Verdun demeurerá le symbole même de
la défense française. Comment s'étonner de l'ardeur enthousiaste et
ingénue de notre Américaine, quand on se souvient que, dans les
assemblées de son pays, tout le monde se mettait debout, soulevé,
transporté par les deux syllabes magiques, à ce seul nom prononcé
de Verdun ! On eut raison d'entretenir soigneusement, comme une
flamme sacrée, ce prestige quasi légendaire. Et tous les « civils »,
tous les étrangers, alliés ou neutres, qui sollicitaient comme un
honneur suprême d'être admis à visiter Verdun, ne les appelez pas
des touristes, c'étaient vraiment des pèle-
rins, des pèlerins passionnés, vers
l'autel ardent et magnifique de
l'héroïsme français.

La première visite était
naturellement pour la Citadelle.
Elle donnait au moins aux profanes, à tous ceux peut-être qui
n'étaient point familiarisés avec
les secrets réels de la fortification
moderne, une impression formidable de puissance et de sécurité. Les casemates immenses, où
abriter des régiments entiers, et
tout ce luxe, toute cette extra-

ordinaire variété d'appareils, de machines de toutes sortes, tout
ce que recélaient ses flancs énormes, et qui y tenait à l'aise : une
véritable usine d'électricité, des moulins, une boulangerie, des salles
d'hôpital et jusqu'à un théâtre !... Toute une vie souterraine était
organisée là, tous les rouages essentiels à la vie d'une cité, comme
si la cité même de Verdun, devant la menace de ruine, s'était repliée
sur elle-même, était, à la lettre, rentrée sous terre. Dans une salle à
manger fort agréable et confortable, le commandant de la citadelle
retenait à déjeuner les visiteurs de marque. Des objets d'art, des
coupes finement ciselées, des étendards brodés, des décorations de
tous les pays, croix et plaques enrichies de pierres rares, étaient là,
venus des quatre coins du monde, pour matérialiser en quelque sorte,
à l'égard de Verdun et de ses défenseurs, l'admiration du monde
entier. Un livre d'or portait les signatures de bien des hôtes illustres.
Et il n'est ni superflu ni ridicule d'ajouter que des crédits spéciaux,
qui lui étaient très justement alloués à cet effet, permettaient au
commandant d'offrir des menus dignes du cadre. Eh ! sans doute, on
était moins bien ravitaillé à Bezonvaux !... Mais ceux-là ne seraient
pas de notre race, qui s'étonneraient, qui se scandaliseraient, qui ne
comprendraient pas ce qu'il y avait d'ironie élégante, de finesse et de
coquetterie bien françaises, à traiter avec cette recherche délicate, à
la barbe des boches, à leur sinistre barbe rousse, ceux qui s'aven-
turaient, en frémissant, et le cœur serré, aux portes mêmes de l' « enfer
de Verdun » !...

Au sortir de la Citadelle, on entrait à la cathédrale toute proche.
Et les visions d'horreur commençaient, avec le spectacle de la barbarie allemande. On avait pu retirer à temps les ornements les plus
précieux ; mais des vitraux avaient été brisés, dont on pouvait emporter encore quelques éclats irisés, quelques parcelles multicolores :
et quels joyaux ou quelles gemmes rares, rubis, topaze ou saphir, semblaient avoir, à cette heure décisive, plus de signification et plus de

prix qu'un fragment de vitrail de la cathédrale de Verdun, ce minus-
cule et fragile morceau de verre bleu, jaune ou rouge?...

Mais plus encore peut-être, que la cathédrale froide et nue,
qu'il était émouvant, le petit cloître intérieur, dont la fraîcheur et le
recueillement, comme indifférents à la violence des hommes, et à leur
fureur destructive et meurtrière, s'emplissaient encore de verdure et
de chants d'oiseaux !... Et surtout, c'était, à côté, la noble ordonnance de l'Évêché, sa cour d'honneur aux proportions si pures, et la
salle de musique — prélats, petits abbés, et dames poudrées en robes
de cour — avec ses boiseries claires et ses grandes baies, d'où l'on
découvrait la ville et la Meuse. Au pied, une étroite « allée du bré-
viaire », majestueuse et calme, dominait le même paysage d'élection
le long du haut mur couvert d'espaliers...

Hélas ! qu'était-elle devenue, la ville paisible, un peu sévère,
serrée au pied de sa Citadelle, de sa Cathédrale de son Évêché ? La
promenade commençait parmi les maisons éventrées, effondrées; dans

certains quartiers, là où avaient été alignées des maisons, ce n'étaient plus que des alignements de pierres. Ailleurs, que les maisons fussent encore debout, l'impression en était plus lugubre encore, ces maisons maintenant ouvertes à tous les vents et à tout venant, véritables cadavres de maisons, dont la vie s'était brusquement retirée, et où, lorsque l'on y pénétrait, on surprenait l'effroi de la fuite désespérée, — ceci, qui avait été une boutique florissante, où des générations de petits marchands avaient dû peser des denrées, ou auner du drap, — et tous ces comptoirs renversés, tous ces placards vides... Verdun, ville des dragées, quelle mélancolie cruelle entre toutes dans tes enseignes évocatrices des anniversaires joyeux et de l'allégresse des baptêmes!... Et le théâtre... Je ne sais pas si le théâtre de Verdun était, en temps de paix, exceptionnellement brillant, si la « saison de Pâques » était fort suivie, s'il y avait au théâtre de Verdun une basse chantante que l'on venait entendre même de Bar-le-Duc, si la gentillesse de la deuxième des premières ou la drôlerie du laruette étaient célèbres dans toute la région... Au milieu des décombres, la salle apparaît encore tout à fait coquette et plaisante vraiment, pour un théâtre de sous-préfecture !.. Et voici encore la loge du sous-préfet, voici la loge du général, sans doute; voici l'avant-scène du rez-de-chaussée qui devait

8

être celle de ces messieurs du cercle, la loge infernale !... Et tout ceci, qui est l'âme même de la province, immobile dans ses rites immuables et doucement désuets, nous attendrit ici, nous attendrit aujourd'hui jusqu'aux larmes. La scène est encore équipée, et des cintres pendent des lambeaux de toiles bariolées... Le rideau est levé, béant ; mais c'est le canon qui frappe les trois coups, et au lieu de la *Mascotte* ou de *Lakmé,* du *Châlet* ou des *Noces de Jeannette,* quel drame ou quelle tragédie !... Qu'est devenue la deuxième des premières, et la première chanteuse, et la dugazon ? Où sont-ils ces messieurs du cercle ? Le cercle, pourtant, j'ai cru le reconnaître, il devait être là, dans ce riant café avec un beau balcon sur la Meuse... Sournoise et tragique douceur du fleuve qui continue à travers la ville sa course molle et lente, qui continue à refléter avec la même impassibilité heureuse et tranquille, au lieu même où s'égayaient ses rives, l'horreur des ponts détruits et des maisons écroulées, dans le miroir de ses eaux !...—On se bat sur la rive droite de la Meuse !... a décidé et déclaré fièrement, ici même, en un anxieux, en un lourd et trouble matin de mars 1916, le général de Castelnau, — qui, ce matin-là, peut-être, aura sauvé la France.

Et nous voici, sur la rive droite, au faubourg Pavé, au milieu de l'extraordinaire encombrement des troupes qui montent et descendent vers la ligne de boue, de silence et de mort, fantassins, artillerie, ravitaillement. Tout ce que l'armée française compte de meilleur a cantonné là, un soir au moins, au faubourg Pavé ; la fleur de notre jeunesse y a dormi ses rêves de sacrifice, ses cauchemars de lutte décisive et suprême, les terreurs de l'aller et les espoirs du retour. Car, en dépit du bombardement toujours grondant, de la menace constante des avions au-dessus des têtes, le faubourg Pavé, c'était encore un semblant de sécurité, une dernière étape, un dernier relai qui vous rattachait à la vie, avant de plonger dans l'abîme de souffrance, de péril et d'angoisses.

Ceux qui revoyaient le faubourg Pavé se sentaient renaître, comme ceux qui le quittaient se demandaient s'ils reverraient jamais une ville, une rue, des maisons, leur maison... Et puis commençait la montée du calvaire. Les casernes Marceau marquaient un bref répit; on y voyait rangées les petites automobiles sanitaires américaines, toujours prêtes à s'élancer jusqu'aux limites extrêmes du champ de bataille, narguant les éclatements et se faufilant, rapides et diligentes, à travers les trous d'obus, pour aller disputer les blessés à la mort, dans les bras de la mort même. Sur cette redoutable et terrifiante route d'Alsace, où des équipements abandonnés, des caissons renversés, des cadavres de chevaux, criaient sans cesse : « Prends garde, téméraire, insensé, prends garde!... Rebrousse chemin! Tu n'iras pas plus loin!... » voici que la petite voiture américaine apparaissait insouciante, qui secouait et dissipait soudain nos frayeurs découragées, comme un tonique et un réconfort : — Mais si! mais si!... Vous voyez bien que l'on passe tout de même!... Cheer up!... Nous n'avons pas envie de mourir, et ce ne sera pas encore pour cette fois, malgré le Boche et toutes ses manigances damnées!... Cheer up, vieux garçons!... Nous sommes le trait d'union alerte et toujours vaillant entre l'enfer et la vie ; oui, nous venons de la vie, là-bas, et nous y retournons !... Et vous ferez comme nous — cheer up !...

Ainsi nous rassérénaient et nous redonnaient courage les petites automobiles sanitaires américaines des casernes Marceau.

Les casernes laissées à main droite, on entrait presque aussitôt dans la région du désert chaotique, des paysages lunaires, de ce qui demeurera dans la mémoire des hommes comme une image d'épouvante, à laquelle on ne tente même plus de trouver des équivalences verbales, des épithètes évocatrices et appropriées : c'est le terrain de la bataille de Verdun. Et plus que toutes les épithètes, en effet, et que toutes les descriptions, ces indications suffisent : — Vers Fort de Vaux. — Vers Douaumont... Et les ravins qui s'appellent : Ravin du Mort-Homme ; — Ravin Sans-Nom ; — Ravin de la Femme Sans-Tête... La mort, la mort, partout la mort !... Et l'on était vraiment surpris, au milieu de tant de désignations lugubres, d'entendre les noms de Normandie, de Calvados, qui sonnaient clairs comme une revanche et une gageure, presque joyeusement : ils étaient si loin tes pommiers en fleurs, ô Normandie, et tes plages, ô Calvados, et tes auberges accueillantes, dans la grasse campagne au bord de la mer !...

Le nom seul, d'ailleurs, avait cette apparence apaisée. Pour gagner Normandie, il fallait traverser Fleury, ce qui avait été le village de Fleury. Rien ne pouvait donner une impression plus complète de la dévastation, la dévastation absolue, intégrale, totale : — « L'herbe poussera à l'endroit où s'élevait l'orgueil des palais. » Il n'y avait même pas d'herbe ; et sans doute, non plus, il n'y avait jamais eu de palais, mais de riantes demeures paysannes, une église, une école, une mairie... Il n'en restait plus pierre sur pierre, — il n'en restait plus une pierre !... Ruiné, rasé, on eût encore aperçu quelques traces de ces ruines, qui eussent figuré l'emplacement du

village, de ses maisons et de ses rues, qui eussent permis de dire,
autrement que la carte en main :

— Ici était Fleury !

Mais non; il semblait que la terre se fût entr'ouverte, eût tout

englouti, pour se refermer ensuite, impassible. — Fleury gisait
maintenant, dans les entrailles de la terre, comme la ville d'Ys au
sein des flots. A peine les briques des constructions les plus récentes
en se mêlant à cette terre l'avaient-elles, par endroits, un peu tein-
tée de rouge. Et l'on a pu comparer l'anéantissement du village de
Fleury à quelque fruit mûr qu'un passant indifférent écrase du talon
sur le sol...

A côté de Fleury, au bas de cette piste creusée d'ornières où, au crépuscule, il ne faisait pas bon s'embouteiller avec les prolonges d'artillerie, et tout l'encombrement du ravitaillement en munitions, sous la menace d'un tir d'interdiction soigneusement réglé sur les carrefours, Normandie, c'était la vie qui renaît, toute la vie militaire intense : — Poste de commandement du général, Poste de secours, liaisons, Central téléphonique, le tout tapi dans les parois du ravin, véritable village de Troglodytes, substitué au village meusien disparu, comme si Fleury, enfoncé dans la terre, ressortait un peu plus loin, ressortait, sous cette forme étrange, primitive, un peu sauvage, des entrailles de la terre même...

Comment donc!... Il y avait, à Normandie, dépendant des Casernes Marceau où il avait, toutefois, obtenu de demeurer logé, un major de cantonnement. Et quand on songe à tout ce que ce titre exprimait, à l'ordinaire, de confortable et de pacifique!...

N'a-t-on pas tout naturellement et tout de suite tendance à se représenter le major de cantonnement comme un personnage un peu gros, bon vivant, bien nourri, qui jouit de toutes les commodités de l'existence et d'un maximum de sécurité assez enviable, toujours sûr de coucher dans un bon lit, admiré et respecté de la population civile, jalousé peut-être mais redouté des militaires, et qui par ses occupations, par ses distractions aussi et par ses loisirs, tient du maire et du commissaire de police — avec qui, d'ailleurs, il ne lui était pas interdit, dans la plupart des cas, de faire au « café de l'endroit » sa partie de manille...

Hélas! pauvre major de cantonnement de Normandie, que l'on ne pouvait contempler sans une sympathie attendrie et apitoyée, infortuné major de cantonnement de Normandie, — un major de cantonnement, c'est le roi d'Yvetot! — qui, lorsqu'il fut nommé major de cantonnement, avait pu s'imaginer qu'il tenait enfin le bon « filon »!...

Ah! l'inégalité de traitement entre les hommes n'avait pas été abolie par la guerre!... Et s'il est admis, n'est-ce pas, que l'entretien des routes, par exemple, des pistes et boyaux d'accès était besogne de territoriaux, c'était tout de même autre chose de se livrer, ou bien entre « Normandie » et « Calvados », ou bien sur les routes du Calvados et de la Normandie, à ces terrassements sans gloire, mais qui, là, n'étaient pas sans péril!...

Et, sous prétexte qu'ils ne se battaient pas, on les laissait, des mois et des mois, les territoriaux de Verdun, eux comme les autres, enfouis dans leurs abris boueux...

La boue de Verdun!...

Nous avons connu toutes les boues de cette guerre, qui fut, d'abord, une guerre dans la boue, désespoir des lyriques : boue de Lorraine, boue gluante et dont on n'arrivait pas à se dépêtrer, boue de Champagne, crayeuse et blanchâtre, boue de la Somme et boue de l'Yser : la boue de Verdun est à part, boue de terrain perdu, repris, cent fois conquis et reconquis, et où chaque combat, chaque bataille laisse, comme le flot en se retirant, ses épaves, ses alluvions; et la boue, chaque fois, recouvrait le tout, s'assimilait le tout, pour arriver à former ce mélange où il y avait de tout, où l'on s'enlisait effroyablement, mais où la « récupération » devait être si fructueuse.

Du jour où le commandement décida de tarifer cette « récupération », c'est-à-dire de payer au prorata et suivant un barème fixe ces épaves du champ de bataille, qu'une administration de la guerre, plus sage enfin et plus prudente, souhaitait, la guerre se prolongeant, de ne plus laisser perdre et d'utiliser, toute la plaine de Verdun et tous ses ravins furent sillonnés de chiffonniers héroïques.

On donnait tant pour une fusée d'obus, tant pour un fusil, tant la douzaine de cartouches ou d'étuis de cartouches.

Et la boue de Verdun dut rendre ses trésors et l'on citait des

gars qui s'étaient fait plus d'un millier de francs, rien qu'en se promenant ainsi les mains dans leurs poches, — mais en prenant soin
de remplir leurs poches de tous ces objets aussi précieux qu'hétéroclites, et même leurs musettes.

C'est vrai qu'il y avait des trésors dans la boue de Verdun,
et des trésors aussi de bravoure,
d'abnégation et d'endurance ; mais
ceux-là, on ne payait pas pour
les récupérer, c'était une
récupération superflue,

inutile — c'était
par-dessus le
marché !...

Ce que l'on ne « récupé-
rera » pas non plus, ce sont les
cadavres enlisés dans cette boue, cadavres de jeunes
hommes qui dormirent une dernière nuit au faubourg Pavé, cadavres
d'Allemands aussi que ne rendra plus la terre de France qu'ils
avaient souillée.

Oui vraiment il y avait de tout dans cette boue de Verdun, de
tout, du meilleur et du pire, et même du Boche.

Mais on était à une époque, et engagé dans une aventure, où
le cœur était devenu aussi froid, aussi dur, que les ossements mêlés
à la boue où l'on pataugeait, et que l'on pouvait découvrir au bout
d'une botte, en cherchant à « récupérer » la botte...

L'homme de Bezonvaux qui, tout caparaçonné de courroies de
bidon, des bidons lui battant les flancs, l'échine et le ventre, était
de corvée, — la plus douce, la plus enviable, — de corvée de
pinard, l'homme de Bezonvaux qui s'en venait chercher du pinard
à l'arrière, n'allait pas s'émouvoir pour si peu, et en attrister
cette minute de rare allégresse; la vie humaine, a écrit Barrès,
n'avait alors pas plus de prix qu'une cerise au fort de la saison :
au juste eût-il prêté plus d'attention à l'aubaine d'une poignée de
cerises...

C'est que Bezonvaux était une de ces stations d'enfer, un de ces
points sacrifiés du front de Verdun, où quatre jours durant, d'une
relève à l'autre, il fallait bien se résoudre à vivre séparés du reste du
monde, il fallait renoncer à tout secours humain ; la boue, par là,
devenait marécage, aucun ravitaillement d'aucune sorte n'y pouvait
passer, même les petits ânes que l'on voyait trotter si vaillants le
long du ravin.

En sorte que l'arrière, — tout est relatif, — l'arrière et ses
délices c'était l'autre côté du marécage, la région où l'on recevait
bien encore des obus, certes, mais où l'on pouvait espérer recevoir
autre chose que des obus; le paradis, vu de l'enfer
de Bezonvaux, c'était l'étang de Vaux.

J'ai gardé de l'étang de Vaux un souvenir
extraordinaire. C'était un site ravissant, et qui
n'avait pas cette mélancolie que la plupart des
étangs prêtent au paysage. Jadis un petit village,
plaisant et coquet, se mirait non loin, que fré-
quentaient les pêcheurs amateurs de fritures, et
dont il restait exactement autant que du village de
Fleury, c'est-à-dire exactement rien.

Mais je ne pense pas qu'aux jours de fêtes
votives, ou pour la plus brillante ouverture de

pêche, il y ait jamais eu autour de l'étang de Vaux une foule
aussi pittoresque, une animation comparable à celle qu'y apportait
le voisinage de la bataille.

Ce n'était pas une animation fiévreuse et guerrière, comme au
faubourg Pavé. Il n'y avait ici aucun préparatif militaire, mais

seulement des tonneaux en perce, des étalages de boîtes de conserves, du papier à lettres, de la parfumerie!...

Une coopérative divisionnaire avait installé sous des tentes,
le long du chemin d'amoureux qui longe capricieusement et sur-
plombe l'étang, comme de petites boutiques de kermesse; et c'était
une véritable kermesse où se pressaient les hommes de Bezonvaux
et d'ailleurs, où ils oubliaient en une minute et pour une minute la
nuit d'angoisse qui avait précédé, et le jour atroce qui viendra, —
une kermesse, la kermesse de l'étang de Vaux, la kermesse des

fiancés de la mort. Et au-dessus, le fort de Vaux, et là-bas les
fumées de Briey...

Quel poète allemand écrira maintenant cette ballade de l'étang
de Vaux, car c'est bien un sujet de ballade allemande... Sous la lune,
au crépuscule, la brume blanche qui emmousseline l'étang, c'est le
linceul des morts de Verdun, qui, à l'entour, se sont couchés un
soir dans la boue, sans linceul...

Dammard 19 juillet 1918

LA DEUXIÈME MARNE

29 mai 1918. —Et nous y voilà. Nous sommes arrivés à Neuilly-Saint-Front en même temps que les premiers obus sur la gare. Je n'ai pas « fait » Charleroi, je n'avais pas encore vu de retraite ; tout le long de la route, un défilé ininterrompu de véhicules de toute espèce, charrettes à bœufs, brouettes, voitures d'enfant, et, là-dessus, les objets les plus hétéroclites, empilés dans la hâte du départ ; les femmes ont mis sur elle ce qu'elles avaient de plus beau, leur chapeau de cérémonie, dont les fleurs pendent, lamentables, et dont on n'oserait pas sourire... Un pauvre vieux, infirme, que l'on transporte dans son fauteuil roulant. Pas de plaintes, pas de cris ; une sorte de stupeur ; des fantômes dans la poussière... Le général revient du corps d'armée : nos bataillons doivent se tenir prêts à être engagés au fur et à mesure des débarquements. Une limousine : des camarades de l'armée — l'armée qui avait failli se faire prendre à Belleu, et qui, après avoir touché barre à Oulchy-le-Château, va maintenant établir son quartier général à Trilport — en attendant. Ils sont bien gentils, bien affectueux, ces charmants camarades — et ils pensent bien dîner ce soir à Paris... La nuit est venue, une belle nuit pour les avions. Sur la place, devant l'église, des groupes de réfugiés et d'évacués, enveloppés dans des châles, dorment sur des caisses. Un Monsieur très entouré, avec un magnifique képi : c'est le sous-préfet. Il pérore; il assure que la situation est excellente, qu'il vient de recevoir des nouvelles, et que les Français viennent de reprendre Fère-en-Tardenois — Fère-en-Tardenois d'où nous avons vu, cet après-midi, s'élever à l'horizon de grandes colonnes de fumée, les dépôts que l'on avait fait sauter... De pauvres gens recueillent avidement les paroles du sous-préfet; un vieil homme, la tête toute tremblante, l'a pris par un bouton de son dolman : — Faut me dire la vérité, Monsieur le Sous-Préfet, parce que je suis un bon, moi, vous savez, moi, je suis un rouge!... Et le sous-préfet, exalté par sa propre éloquence : — Rentrez chez vous, bonnes gens, les Boches sont en pleine déroute, vous pouvez dormir tranquilles, vous n'avez rien à craindre, c'est votre sous-préfet qui vous le dit!... Cependant, impressionné moi-même, je me suis approché de ce fonctionnaire enthousiaste et si bien renseigné, je me présente, je demande à M. le Sous-Préfet de vouloir bien m'accompagner à l'État-Major du général de division, qui sera heureux d'apprendre de sa bouche ces nouvelles rassurantes qu'il vient de donner à la foule. M. le Sous-Préfet me suit de fort bonne grâce, il sera ravi de faire la connaissance du général. Le général est en train d'achever un dîner hâtif; le sous-préfet accepte une tasse de café, s'installe, et, très à l'aise :

— Alors, mon général, quoi de nouveau?

3o mai. — Quelle tristesse, cette maison où nous avons passé
la nuit, cette maison si confortable, que les propriétaires avaient
meublée avec autant d'amour que de mauvais goût, et qu'ils ont dû
abandonner en une heure... Des croûtons de pain traînent dans la
cuisine; il y a encore, dans le jardin, un petit jouet au milieu d'une
allée, un arrosoir... D'heure en heure, les nouvelles arrivent plus
inquiétantes; Château-Thierry est pris... Toute la population de
Neuilly-Saint-Front, hier encore si frémissante, est partie dans la
nuit. Le sous-préfet a disparu avec tout son enthousiasme et toute
son éloquence. Il n'y a plus un civil. Et voici des régiments (ce qui
en reste) qui descendent, l'arme à la bretelle, — ils viennent de
là-bas, du côté des Boches : eh bien! oui, quoi, les Boches arrivent...
— et, dans les boutiques ouvertes, dont les marchands se sont

enfuis, un soldat entre, en
passant, puis deux, puis
dix, qui font main basse sur
les bouteilles, les boîtes de
conserves : — Autant nous
que les Boches!... Deux
chasseurs, dans la grande
rue, courent après un petit
cochon qui crie, et les hommes gouaillent : « On les
aura!... » A 4 heures, ordre de départ pour Som-
melans. Nous allons, tant
bien que mal, établir une
ligne de résistance face à
l'est, en arrière de Château-
Thierry.

Au moment du départ,

près de la voiture à fanion et du peloton de l'escadron divisionnaire,
j'aperçois deux civils importants, qui s'entretiennent avec le général
et son chef d'État-Major; je les reconnais : c'est M. Abel Ferry et
M. Renaudel; des bribes de leur conversation viennent jusqu'à nous :
« D'ici à deux jours, la situation sera stabilisée... Il arrive des quan-
tités de troupes... — Il faut que le pays tienne jusqu'à octobre... »
— Et ils filent... Au revoir et merci! Nous sommes à Sommelans,
installés chez l'institutrice. Comme elle a dû avoir peur!... Le lit est
encore défait... C'est un désarroi inouï de papiers, de plumes de
chapeaux, de rubans, dans les armoires, les tiroirs renversés, au
milieu de la chambre. Et il y a encore des fleurs, de grosses pivoines
rouges et blanches sur la cheminée... Elle avait un piano, l'institutrice de Sommelans, et était abonnée aux *Annales* et aux *Grandes
Modes de Paris.*

31 mai. — Nous avons quitté Sommelans un quart d'heure avant
les premiers obus. A Licy-Clignon, à la maison d'école; sur le tableau
noir, cette dernière leçon : « Mercredi 29 mai : Instruction civique :
la défense nationale. » Et les « travaux à l'aiguille » des petites filles,
surjets, points de croix, canevas aux tapisseries ingénues, précipitamment jetés au bas d'un placard. On vide consciencieusement les
caves et les basses-cours; ne s'y mêle-t-il pas un scrupule patriotique?
Les habitants ont recommandé, en s'enfuyant : « Brûlez plutôt ce
que vous n'emporterez pas!... » Chasses aux lapins et aux poules. Et
dans chaque maison l'armoire à linge, et l'armoire à confitures...
Quelques ivrognes, la chaleur aidant. Un homme d'un régiment qui
monte a troqué son casque contre un chapeau haute-forme. Dans
une écurie, nous découvrons un petit âne gris; dans un hangar, une
charrette abandonnée : nous attelons l'âne à la charrette, pour transporter nos sacs, et les appareils de signalisation. De nouveaux ordres.
On nous charge de défendre la ligne de Château-Thierry avec des

troupes que nous ne connaissons pas, des coloniaux, des malgaches. La division s'établira à Crogis, nous à Montcourt. Et nous voici, de nouveau, en route, avec notre âne... Un petit vallon délicieux, quelques vieillards encore sur le pas des portes, dans les jardins; une vieille femme qui lave son linge, — longtemps nous entendons le bruit du battoir, frais, paisible, monotone... La canonnade se rapproche, les mitrailleuses. Hantise de l'infiltration boche, à travers les pentes boisées qui nous entourent, avec la nuit qui vient. On entend les coups de sifflet des patrouilles : patrouilles françaises ou patrouilles allemandes? On décide que l'état-major de la division et celui de l'Infanterie divisionnaire passeront la nuit dans une ferme voisine, plutôt que dans cet étroit vallon de Crogis, inquiétant et peu sûr. Et nous montons à pied à la ferme de la Nouette. Des lueurs d'incendie dans toutes les directions; au-dessus de Château-Thierry, ce sont de continuels éclatements. La nuit est divine. Dans les champs, nous troublons un cochon égaré, deux chèvres blanches. La ferme, immense, est sens-dessus-dessous. Et le général, silencieux et seul, s'assied à l'écart sur un banc, dans la vaste cuisine, dont les cuisiniers ont déjà pris possession, allumant du feu, préparant le café.

1er juin. — Repli vers Villiers-sur-Marne. Nous ne savons toujours rien des troupes que nous avons devant nous. Départ à cinq heures du matin; nous nous gardons avec nos cyclistes, nos éclaireurs montés; les Allemands seraient sur les hauteurs qui dominent Montcourt et où tient encore l'escadron divisionnaire. Notre départ fait se lever, dans la grande cour, une nuée de pigeons. Et nous chevauchons au milieu des chants d'alouette... Arrêt à la ferme de Beaurepaire. La situation se précise; nous aurons avec nous une brigade de cavalerie (le bataillon pied à terre des hussards), et un régiment américain. Le risque sera donc un peu moins grand de nous faire enlever comme la nuit précédente. Cette ferme de Beaurepaire est une merveille. Quelle vie agréable et saine on devait mener là!... Il y a un billard, un piano, de vieux meubles; et puis un grand attirail de chasse, une collection de cravaches, des éperons... Et toujours l'armoire aux confitures... Voici les Américains qui montent en ligne. Ils avancent comme s'il n'y avait pas de Boches, ni surtout d'avions boches mitraillant les routes. Aucune précaution; une rafale vient d'en coucher une dizaine par terre; et ça n'a pas l'air de les émouvoir autrement : « C'est la guerre!... » Ils ont fait halte devant Beaurepaire. Un Américain se risque à entrer dans la cour pour prendre de l'eau; il prend aussi une poule, qui s'était aventurée trop près de ses longues jambes; d'autres entrent, à leur tour, mis en goût; et ce ne sont bientôt plus qu'Américains avec, sous le bras, deux, trois poulets... Et dans le crépuscule qui vient, au crépitement des mitrailleuses, au bruit sourd de la canonnade, se mêlent les cris des poules effarouchées... C'est la guerre!...

2 juin. — Réveil à 4 heures du matin. Ça va mal. La division de gauche est fortement pressée, et, à notre droite, la division Mar-

Bammard 28 juillet 18   M H Bonnoux

* chand a décidément perdu la partie nord de Château-Thierry. Ordre de faire sauter le pont d'Acy. On m'envoie alerter le colonel américain, et le prévenir qu'il pourrait bien se trouver engagé dans la journée. Il fait d'ailleurs une matinée exquise; je reviens à travers champs. Canonnade intense. Et puis ça se tasse. Vers midi, (après déjeuner), on redevient presque optimiste. On a de meilleures nouvelles de la division de gauche; la progression allemande serait arrêtée de ce côté, du moins pour aujourd'hui. Le cycliste d'un de nos chefs de bataillon, qui avait été fait prisonnier hier, a réussi à brûler la politesse aux Boches. Il est là. Le colonel lui remet la médaille militaire; il ne s'y attendait guère; il est blanc d'émotion. Le colonel se dispose à ajouter cinquante francs de sa poche, pour arroser la médaille; mais tout en causant, il s'aperçoit que ce cycliste est « dans le civil » un gros entrepreneur de maçonnerie qui doit être beaucoup plus riche et gagner beaucoup plus d'argent qu'un colonel; alors le colonel a économisé ses cinquante francs.

3 juin. — Le colonel L... a planté sa canne quelque part dans le bois; c'est son P. C. Nous sommes auprès de lui, consultant la carte. Tout à coup des obus se mettent à tomber, pas loin, avec le bruit caractéristique, sous bois, des branches brisées. Et je remarque une fois de plus cette affectation que l'on met, en pareil cas, dans un groupe d'officiers, à continuer, comme si de rien n'était, avec plus de volubilité même, la conversation commencée, — simplement un petit clin d'œil de côté, vers la direction où « ça tombe ». Ce soir, après dîner, dans la grande cour de la ferme, nous admirons les six cochons qui restent et se vautrent ignoblement dans le fumier, — « ils se camouflent, c'est prudent! » a dit assez plaisamment P..., le chef d'état-major. Et, de fait, six avions boches passent au-dessus de nous, à une assez grande hauteur, en formation triangulaire, comme des canards sauvages. Près de la mare, le major du bataillon américain dort, roulé dans sa toile de tente, son appareil téléphonique suspendu à un arbre au-dessus de sa tête, et à côté, accroché également, un réveille-matin.

4 juin. — Nous avons été relevés cette nuit par les Américains. Exquise vallée de Domptin, si fraîche et boisée. A Bezu-le-Guery, nous retrouvons le 152e; son colonel est en train de se raser; il descend en pyjama, sa barbe à moitié faite. Les pertes : 650 hommes, 17 officiers. A Montreuil-aux-Lions, la 2e division américaine est dans toute la fièvre de l'arrivée et de l'installation; un luxe d'autos, de camions, de side-cars, de motos, et quelle poussière sur cette route! Nous ne sommes plus du tout chez nous, mais en Amé-, rique : et pourtant la jolie petite église qui domine le village est si française! A la mairie, le général Pershing est en conférence avec le général Degoutte : quel sort étrange que celui de ces petites mairies de campagne, qui semblaient uniquement vouées aux comices agricoles et aux conseils de revision, et qui s'inscrivent dans l'histoire par de semblables entrevues et de tels conseils de guerre! La division américaine et la présence du général Pershing ont aussitôt attiré ici une mission de journalistes américains. V... l'accompagne, à qui un député, paraît-il, a déclaré hier

à la Chambre : « Nous ne traiterons pas sans l'Alsace-Lorraine.
Nous poursuivrons jusqu'au bout la solution militaire! » Fortes
paroles! A la Sablonnière, nous allons voir le groupe de chasseurs;
les chasseurs en ont supporté de rudes, pendant ces cinq jours : il
reste 100 hommes au bataillon de B..., et 250 au bataillon M... Le
commandant M... a été cerné trois fois et s'est trois fois dégagé; il
est encore frémissant, et il laisse pousser sa barbe. Nous cantonnons
à Chamoust, une pauvre petite ferme qui a été saccagée : on suit la
trace des troupes en campagne aux plumes de poulet. Autour de la
ferme, un bataillon de chasseurs de la division voisine, qui descend
comme nous, et un autre bataillon qui monte. Ceux qui montent ont
placé des sentinelles aux issues et des avant-postes. Cinq avions boches
donnent la chasse à l'un des nôtres et l'abattent. Au loin, la canonnade roule; lueur des départs : c'est l'artillerie américaine qui s'en-
traîne. Le petit jardin de la pauvre ferme est tout garni de roses, de
mères-de-famille, de pieds d'alouette, et d'innocents œillets blancs
dont mon ordonnance a mis un bouquet dans ce qui me sert de
chambre.

5 juin. — Et nous voici dans la calme et confortable maison de
M. B..., ancien notaire à Saâcy-sur-Marne. Nous sommes venus le long
de la Marne. Tristesse de ces petits villages évacués presque complètement, et si verts, si « villégiature à deux heures de Paris ». Sur la
route, nous doublons les bataillons de chasseurs; et ils ont défilé
devant nous au pont de Nanteuil : le 43ᵉ, clairons en tête; il a encore
250 hommes; le 59ᵉ, derrière, n'a plus que 100 hommes, et plus de
clairons. Et ces hommes défilent encore allègrement, en tournant la
tête à droite, et certains avaient mis des fleurs au bout de leur fusil.

11 juin. — La Ferté-sous-Jouarre. Dans la grande rue, où la
moitié des boutiques ont leur devanture fermée, des camions et des
camions, amènent des Américains sur la ligne. Une impression de

gaîté et de force. Au retour, les camions vides; dans l'un d'eux,
debout, un convoyeur, véritable excentric-comic, se démène et fait
la parade, coiffé d'un chapeau haute-forme : serait-ce le chapeau que
j'avais déjà vu, quand nous retraitions, à Licy-Clignon ?

Sans date. — L'aumô-
nier divisionnaire nous
raconte qu'au cours de la retraite, à Dammard, il était arrêté à chaque
pas par des soldats — tout un groupe d'artillerie — qui lui demandaient à se confesser, et qu'il confessait là, en pleine rue. Il était
débordé, et il a fini par se fâcher : « Vous avez donc peur ? »

Sans date. — Déjeuner chez le commandant M..., à Forchamps,
avec les officiers du 43ᵉ B. C. P. et le colonel D... Fanfare, champagne.
On a déjeuné sous une tonnelle de fleurs et de branchages, construite

en deux heures, ce matin, par les sapeurs du bataillon. Les places vides des camarades tués sont déjà tenues par d'autres.

Dimanche. — Sur la promenade de la Ferté, le long de la Marne, les petites tentes des Américains, si comiques avec leurs pantalons haut relevés jusque sous les aisselles, des pantalons de clowns. D'aucuns canotent. Un phonographe joue un two-step. Sur un banc, au milieu de cet exotisme frénétique, quelques promeneurs du dimanche, et des enfants qui jouent. Le colonel prend une photo d'un groupe, qui mange la soupe en plein air; un soldat américain s'en aperçoit, pique une pomme de terre au bout de sa fourchette, qu'il tient au port d'armes.

Ces soldats mettent à leur instruction une bonne volonté, une application extraordinaires. Les exercices de tir, les « spécialités » les passionnent; le grand sport c'est, lorsque la mitrailleuse a été démontée, ou le fusil mitrailleur, de se faire bander les yeux pour en rassembler les pièces « comme dans la nuit ». Tout de même, comme ils n'avaient pas été payés, paraît-il, depuis leur arrivée à La Ferté, l'autre jour, à l'exercice, pendant la pause, comme les chasseurs qui leur servent de « mannequins » pour les démonstrations et l'entraînement, étaient allongés dans l'herbe, un Américain s'est approché d'un clairon, lui a pris son instrument, et a joué « la solde ».

Sans date. — Instruction américaine. Grand exercice de démonstration, progression de la section, avec incidents figurés : prisonniers boches, barrages (les chasseurs, vautrés dans l'herbe, agitent des fanions rouges pour simuler les lignes d'éclatement), prise de la tranchée ennemie. Deux mille Américains comme spectateurs. Des têtes étonnantes de lutteurs romains ou de clowns excentrics. Les majors, tout jeunes, en bras de chemise, et avec leur insigne au collet de leur chemise. Le général de division, général Cameroun, qui rit aux éclats et crie : « Camarade » à l'épisode des prisonniers.

C'est le général Cameroun qui déclare gravement : « Dans cette guerre, il faut avoir un cinématographe dans la tête!...» A la fin de l'exercice, la fanfare du 59e joue l'hymne américain. Et alors le colonel du régiment, jusque-là impassible, visage de cinéma pour jouer les *Mystères de New-York*, bondit au milieu de la prairie, en agitant son grand chapeau, et pousse des cris inarticulés, des « you-you », des sifflements aigus en l'honneur de la France, répétés aussitôt par les deux mille Américains. Tout cela, dans un site délicieux de vieille France, un plateau au-dessus de Reuil, avec, au pied, les boucles de la Marne, et, sur les bords de la Marne, une vieille demeure Louis XVI qui contemple cet étrange spectacle de tous les yeux étonnés de ses fenêtres ouvertes.

3 juillet. — Nous allons occuper le secteur de Vendrest-Vaux-
sous-Coulomb. Ce que ce village de Vaux, où nous nous installons,
a d'assez désagréable, c'est que les Boches nous y tiennent sous le
feu d'Hautevesnes, d'où il s'agira de les déloger d'abord, quand nous
attaquerons. L'attaque se fera « en direction d'Hautevesnes. » En
attendant, ici, nous sommes « vus d'Hautevesnes », ce qui oblige à
certaines précautions, et a fort endommagé la ferme qui nous sert
de P. C. Mais il y a un petit jardin avec des roses merveilleuses,
un chat, un chien, une vache et trois vieilles femmes qui, comme le
vieux pauvre du « Noël » de Debussy, n'ont pas voulu s'en aller.
L'une d'elles, de ces trois vieilles, garde la clé de l'église, une déli-
cieuse église romane avec des traces de fresques naïves sur les piliers.
La nef a été trouée avant-hier par un obus. Nous allons organiser
un P. C. souterrain à l'entrée du village, près de la maison dont le
grenier nous sert d'observatoire et où les observateurs ont découvert,
pour rendre leur poste tout à fait confortable, un mobilier de la
plus pittoresque variété; ils découvrent aussi, cela va sans dire, les
Boches d'Hautevesnes, — qui le leur rendent bien. Cependant, je
visite des potagers abandonnés, où je me régale de groseilles, de
petits pois crus et de fèves excellentes. Je rencontre une des trois
vieilles, la propriétaire des fèves, qui me déclare qu'on la coupera
en deux plutôt que de la faire partir. Elle couche dans une petite
cave avec ses poules, qu'elle a réussi à sauvegarder. Elle paraît moins
préoccupée de la guerre et des obus que de la sécheresse, depuis
que les conduites d'eau ont été crevées, et d'un certain mulot, qui
mange les racines de ses choux, qu'elle guette toute la journée, armée
d'une bêche, et qu'elle ne peut arriver à surprendre...

Sans date. — Le colonel du 152ᵉ habite les communs du château
de Brumetz. En 1914, les Allemands, passant par là, ont su que le
château appartenait à un officier, et ils l'ont soigneusement brûlé. Ils

n'ont tout de même pas brûlé les arbres du parc, qui est superbe, mais où des tirs de toxiques nous empêchent de nous promener. Le cuisinier du colonel s'est installé une petite cagna dans la niche à chien : *Villa Mounet-Sully* (il s'appelle Mounet); et cette inscription désabusée :

> Quand l'obus ici tombera,
> Mounet vécu aura...

Sans date. — L'église de Gandelu, haut perchée, avec l'obus qui est entré juste derrière le maître-autel. Et les prix des concours d'archers, des « Saint-Sébastien » exposés tout autour de l'église, — il y en avait de toutes les époques et de tous les styles, — et que le bombardement a fort endommagés : indiscutable supériorité des obus sur les flèches...

Sans date. — Deux chasseurs de la division voisine qui avaient été faits prisonniers au Chemin des Dames viennent de rentrer après avoir circulé quinze jours dans les lignes boches. C'était un guide de Chamonix avec un de ses cousins. En sa qualité de guide, spécialisé dans la clientèle allemande, il parlait admirablement l'allemand. Employés par les Boches pour enterrer leurs morts, ils ont pris leur uniforme à deux de ces morts, un officier et un soldat. Le guide, revêtu de l'uniforme d'officier, faisait passer son cousin pour son ordonnance. Arrêtés par les sentinelles, « l'officier » a déclaré qu'il commandait une compagnie de minenwerfer, et qu'il était venu reconnaître des emplacements pour ses pièces. On les a laissés passer.

9 juillet. — Nous déménageons de Vaux-sous-Coulomb. Je regretterai les roses. On nous ramène à Coulomb, grand village qui n'a pas été encore trop démoli. Le presbytère, avant de nous abriter, fut certainement l'asile d'un curé apiculteur. Une photographie suspendue à la place d'honneur, dans la salle à manger, représente l'excellent prêtre au milieu de ses ruches, avec une vieille dame,

assise sur une chaise, une dame plus jeune qui joue de la mando-
line (*sic*), et une petite fille en robe à carreaux... De nombreux
Américains se succèdent dans ce temple de l'apiculture, et pourront

admirer la dame qui
joue de la mando-
line parmi les abeil-
les. Mais ils vien-
nent de préférence
pour être conduits
à l'observatoire de
la Grange-Coulomb,
qui est ce que l'on
fait de mieux dans
la région comme
observatoire, et d'un
accès assez facile.
C'est dans les greniers
d'une ferme superbe; il
a suffi d'enlever quel-
ques tuiles du toit, et,
par les ouvertures ainsi
pratiquées, on a braqué des appareils de repérage aux lueurs,
et notre jumelle à ciseaux. On voit
toujours Hautevesnes...

13 juillet. — Trois visiteurs de
marque pour l'observatoire, trois Américains importants, dont l'un, qui rit
tout le temps, mais n'entend pas un
mot de français, est un gros banquier,

habillé d'ailleurs pour la circonstance en colonel, le « président de la commission des achats » nous confie l'officier de l'armée qui l'accompagne. Quels achats? Il a une Rolls-Royce impressionnante et des cigares étonnants. A minuit nous arrive un message de l'armée transmis par la division : d'après un prisonnier qui « paraît digne de foi », les Boches déclencheraient cette nuit leur grande offensive. Nous nous sommes couchés tout de même, et il n'y a rien eu du tout.

15 juillet. — Eh bien ! ils l'ont déclenchée en effet, leur fameuse offensive, mais seulement la nuit dernière, entre la Main de Massiges et Château-Thierry. Ils ont passé la Marne à Jaulgonne, comme il était annoncé. Mais, dès maintenant, il ne semble pas que ce soit la réussite foudroyante. Un officier boche prisonnier a déclaré : « Nous venons d'avoir notre 16 avril !.. » — C'est cela.

16 juillet. — Le berger va répondre à la bergère ; à notre tour d'attaquer ! J'accompagne le colonel à la division, à Vendrest, et, pendant qu'il doit assister là au Soviet préparatoire, je vais jusqu'à Lizy-sur-Ourcq, à la cantine américaine, renouveler notre provision de chocolats, — ces chocolats qui ont un goût sauvage ! — de cigarettes et de cigares. Ces cantines américaines sont vraiment bien approvisionnées ; mais que nous sommes donc bien approvisionnés, nous aussi, en Américains !.. Il y en a partout, et qui se livrent, dans tous les coins, à tous les jeux de la guerre, exercices de tir, relevés topographiques... D'aucuns aussi se baignent tranquillement dans le canal, et, tout nus, sur la berge, font leur toilette, — comme chez eux !..

17 juillet. — On nous a adjoint l'état-major d'une brigade américaine, qui partira avec nous à l'attaque. Il y a notamment un jeune lieutenant de vingt ans, tout à fait le Bertie, — le colonel ! —

des *Transatlantiques*, qui ne dit rien, semble s'amuser prodigieusement, et siffle tout le temps, même à table... Nous avons quitté Coulomb, après dîner, pour nous rendre à pied jusqu'à Vaux. Le ciel est terriblement orageux. Le jeune Bertie marche à mes côtés, toujours sifflant; il ne m'a pas encore adressé la parole; et tout à coup, il me saisit par le bras, il me montre la forme capricieuse d'un nuage qui file au-dessus de nous : « N'est-ce pas que l'on dirait une femme qui respire une rose ?.. » Et comme quelques gouttes d'eau se sont mises lourdement à tomber, voilà ce surprenant jeune homme qui enchaîne :

> Il pleure dans mon cœur
> Comme il pleut sur la ville...

« Vous connaissez Verlaine, lui demandé-je, vous l'aimez ?

— Oh! oui, Verlaine, — et aussi Béranger... » Mais ce qu'il aime

surtout, ce sont nos dramaturges. A l'Université — qu'il quitte
à peine — ils avaient, paraît-il, un professeur très intéressant, qui
leur a fait un cours très complet sur le théâtre français, depuis le
Jeu de Robin et Marion jusqu'aux dernières comédies de MM. de Flers
et Caillavet. Et puis il a eu cette chance extraordinaire, pendant que
la division américaine était avec nous, à l'instruction, à la Ferté-
sous-Jouarre, il a eu la chance d'être cantonné dans une maison où
il y avait la collection très complète des pièces de l'*Illustration*. Alors
vous pensez s'il s'est régalé ! Il y a gagné une admiration toute particu-
lière pour M. Maurice Donnay. Aussi, quand je lui dis que j'ai
cette bonne fortune de compter M. Maurice Donnay parmi mes amis,
quand je l'assure même que, si nous nous rencontrons à Paris, en
permission, ou mieux, quand la guerre sera finie, rien n'empêchera
que je le présente à M. Maurice Donnay, la joie de mon jeune
camarade transatlantique se double aussitôt de la gratitude la plus
touchante ; le voilà tout à fait en confiance avec moi. J'apprends
ainsi qu'ils se sont engagés ensemble, trois camarades d'Université,
ils ont débarqué ensemble en France, et ils se sont donné les noms
des Trois Mousquetaires. Lui, c'est Porthos. Et Porthos me montre
un petit carnet où il écrit ses impressions en français, des impressions très rapides, une ou deux lignes seulement. Il note par exemple :
« Baptême du feu. Porthos se dém... », — et le mot, si militaire, est
en français aussi ; Porthos me demande même, confiant dans la science
d'un ami de M. Maurice Donnay, s'il faut y mettre une ou deux *m*...
Ainsi nous devisions et passions le temps en attendant l'heure H.

18 juillet. — H = 4 heures. Au soir, nous avons atteint nos
objectifs, pris 30 canons, fait 400 prisonniers et progressé de 4 kilomètres.

19 juillet. — Sur les routes libérées, les routes où l'on se pro-
mène maintenant sans être « vu de l'ennemi », vu de Hautevesnes,

qui est à nous... Je ne présenterai pas à Maurice Donnay son jeune admirateur américain; il a été tué en reconnaissance... Pauvre Porthos!..

20 juillet. — La « poussée ». Près de l'église démolie de Saint-Gengoulph, dans une carrière où nous passons la nuit, protégés par nos toiles de tente.. Saint-Gengoulph, presque Saint-Gingolph, la petite station frontière du lac de Genève, qui évoque pour moi de si jolis souvenirs de vacances... Saint-Gengoulph, — il ne faut pas confondre!.. B. et H. tués...

21 juillet. — A travers champs, dans les trous d'obus. P. tué, J. blessé au ventre. Batteries boches restées sur les positions; à celle-ci, on venait d'amener les avant-trains pour détaler en vitesse. Les trois chevaux ont été tués, les jambes en l'air, et le cadavre du conducteur est coupé en deux... Des tanks passent, en se dandinant, pareils à de vieilles dames précautionneuses...

22 juillet. — La ferme des Vallées. L'officier boche qui a couché ici avant moi a laissé un exemplaire tout crayonné de l'*Enfant* de Vallés, où il semble qu'il apprenait, à ses heures de loisir, la litté-rature française...

24 juillet. — La Maison du Bois a été enfin enlevée à la baïon-nette. Nous gagnons le bois du Châtelet. Cadavres de quatre ou cinq Boches, les plus audacieux, ceux qui se sont avancés le plus loin, jusqu'à la route. Et des nôtres aussi, trop des nôtres... Comme les morts du champ de bataille ont tout de suite un aspect, des poses, de Musée Grévin; c'est ce qui les rend moins émouvants, peut-être, moins effrayants... A la corne Est du bois du Châtelet, emplacement de la nouvelle Bertha qui devait tirer sur Paris. Un beau travail,

vraiment, un gigantesque travail!... Et si rapidement exécuté!... Car
enfin nous y sommes passés au bois du Châtelet, il y a deux mois à
peine, les Boches n'y étaient pas, et il a fallu amener, dresser cette
énorme plate-forme... Nous allons coucher dessous, d'ailleurs, elle

nous sera un abri précieux, sinon confortable. Le formidable et
laborieux effort des Boches, que sa mise en place représente, aura
toujours, du moins, servi à ça...

25 juillet. — Nous sommes relevés et quittons dans la nuit notre
P. C. Bertha. Arrivée à Monthiers dans une villa aux volets verts qui
a bien encore des volets, mais plus de toit; un amoncellement de
plâtras, d'ordures, et cette odeur de cadavre... Au jour, nous consta-

tons que le propriétaire de la villa aux volets verts avait bien choisi son endroit pour faire construire. Quelle vue sur le village, au-dessus des toits du village dont les tuiles ont été comme « écaillées » par l'artillerie, celle des Boches, tour à tour, et la nôtre! On s'installe. Meubles hétéroclites retrouvés dans les abris boches. L'église elle-même est au pillage, missels, ornements sacerdotaux... Elle était charmante, cette église, qui porte cette inscription : « Le Peuple français reconnaît l'Être Suprême et l'Immortalité de l'Ame. » J'ai trouvé une rose « parmi les ruines »...

27 juillet. — En haut du château de Monthiers, panorama du champ de bataille. Toutes ces côtes, tous ces bois qui ont été si disputés, dont nous avons tant parlé, la Ferme Pétré, la Grenouillère... Ce n'était que ça!... Arbres fracassés, trous d'obus. Et des débris d'équipements, des bandes de mitrailleuses, des tombes hâtives, comme improvisées... Une petite maison, la dernière du village, écroulée comme les autres, mais où tient encore l'enseigne : « Sage-femme de 1re classe... » Hélas! ce sont les hommes qui auraient besoin de sagesse!...

28 juillet. — Nous faisons, *en sens inverse*, notre trajet d'il y a deux mois. Sommelans, Neuilly-Saint-Front, c'est tout notre ancien champ de bataille et de retraite, jalonné de trous d'obus et de tombes. Ah! la bataille n'a pas « arrangé » le paysage!... Et au fond, nos hommes avaient bien raison d'emporter au moins les poulets!

Il y a du moins une impression très belle que ressentent profondément les « terriens » qui sont avec nous : dans les champs les moissons prochaines, que les Boches avaient respectées parce qu'ils comptaient bien en profiter, — et c'est, par nous, pour nous, la libération des moissons..

On nous a assigné Dammard comme lieu de repos. Du village,

rien ne subsiste, que quelques pans de muraille. Le clocher de l'église
a été coupé en deux, du haut en bas, comme une armoire dont on
aurait arraché la porte...

Tandis que je contemple ces ruines, trois limousines passent,
vers la Ferté-Milon ; dans la seconde, un vieillard en chapeau mou,
qui se rencoigne à côté d'un général : Clemenceau.

EN BELGIQUE

On peut regretter, certes, de n'avoir pas fini la guerre en Lorraine ou en Alsace, de n'avoir pas connu les heures magnifiques où se matérialisa la revanche victorieuse, où ce qui avait été l'enjeu, le but de cette guerre, nous l'avons enfin touché de notre main, nous l'avons serré dans nos bras, pour une étreinte passionnée; on peut regretter de n'avoir pas été de ceux qui, dans Metz ou dans Strasbourg reconquises, connurent l'allégresse et la fierté du premier retour, la douceur émouvante du premier accueil. Du moins, nous aura-t-il été donné de laver la Belgique de la souillure allemande, d'entendre, nous aussi, monter vers nous des cris de joie et de reconnaissance, toute l'exaltation de ce noble et vaillant petit peuple enfin libéré, et, à défaut de nos frères d'Alsace et de Lorraine, nous nous réjouissons et nous nous enorgueillissons d'avoir participé aux derniers combats qui délivrèrent nos frères de Belgique, de nous être, à l'instant suprême de la victoire, trouvé auprès d'eux, cœur à cœur.

L'offensive d'octobre 1918 en forêt d'Houthulst, la prise de Roulers, l'ennemi se se repliant précipitamment, en déroute, abandonnant Ostende, puis Bruges et puis Gand, Audenarde dépassée, et le salut de Bruxelles à son Roi et à sa Reine derrière lesquels nous

marchions nous, la France, fraternellement mêlés à l'armée, au peuple belges, acclamés par eux et comme eux — oui, ce sont là, aussi, des souvenirs qui comptent, et qui paient bien des minutes cruelles.

C'est qu'ils avaient été particulièrement pénibles, ces derniers combats, pénibles surtout par le terrain abominable qui ne se compare qu'à celui de Verdun — avec l'eau en plus! Un village comme Langemarck, qui était mieux qu'un village, un gros bourg florissant, avec un très beau château, où certains de nos camarades de la cavalerie se rappelaient avoir trouvé, en 1914, un cantonnement spacieux et confortable, Langemarck, son château — quelques briques écrasées dans la boue et qui, à cet endroit où fut Langemarck, lui donnaient seulement une couleur un peu rougeâtre — comme à Fleury! Pourtant quelque chose subsistait de ce qui avait été Langemarck, quelque chose de plus que sur l'emplacement de Fleury : un réverbère!

Oui, dans ce paysage de désolation et de mort, sur ce sol chao-

tique et désertique, il n'y avait que cela qui subsistait, qu'un miracle
extravagant avait maintenu debout et fait respecter, — un réverbère
tout tordu, que le bombardement infernal qui, tout autour, avait
tout nivelé, n'était point parvenu à abattre, ou qu'il avait dédaigné,
— un réverbère s'élevait encore, saugrenu et dérisoire... Et c'est
qu'on le voyait de loin, car la plaine était sans ondulations, monotone, impitoyable; et l'on ne pouvait cependant, à cause de la nappe
d'eau à moins de 30 centimètres, ni ouvrir une tranchée, ni creuser
un abri. Les seuls abris étaient nécessairement en superstructure,
casemates bétonnées, ou simples tôles métro : métro, c'était leur nom
officiel dû à leur forme pareille, en effet, à la voûte du métro, — ce
qui, avec son petit air bien parisien, nous emmenait joliment loin
du champ de bataille, et de Langemarck.

A défaut de tôles « métro » j'ai vu utiliser comme abris de
vieux tanks, épaves de la furieuse bataille anglaise de 1917. A Langemarck, précisément, non loin de la tôle métro qui servait de P. C.
à un général de division, des territoriaux avaient pris possession
d'un de ces tanks qui n'avait pu aller plus loin et pour cause : la
cause était marquée par trois petites croix voisines, surmontant les
tombes des trois Anglais de l'équipage qui, lorsque le tank avait été
démoli, avaient été en partie brûlés sur place, puis enterrés là. En
dépit de ce voisinage peu encourageant, nos territoriaux avaient
aménagé la carcasse du tank pour leurs commodités personnelles,
et, pour se chauffer et cuire leur soupe, ils y avaient même installé
un petit poêle de campagne dont le tuyau sortait comiquement
de l'ancien capot...

Et cette ré-
gion avait été, pa-
raît-il, une des
régions les plus
riches des Flan-

dres, des plus fertiles, des plus riantes. Lorsque Bruges fut délivrée, le général français, qui commandait le détachement de l'armée des Flandres, et remplissait avec bonheur auprès du roi Albert les fonctions de chef d'État-Major ou mieux de conseiller militaire, le général Degoutte songea que les habitants de Bruges, pendant ces quatre années d'occupation, avaient bien entendu quelquefois tonner le canon, mais qu'ils ne pouvaient savoir ce qu'avait été cette bataille qui se livrait à quelques dizaines de kilomètres de chez eux, qu'ils ignoraient totalement dans quel état les Boches avaient mis toute la contrée environnante. Et le général fit prier trente notables de Bruges, et les invita à visiter ce qui avait été le front de l'Yser, de Roulers, d'Ypres et de Dixmude.

J'eus l'honneur d'être désigné pour guider ce pieux et poignant pèlerinage. Malgré la fatigue et les difficultés certaines d'une telle randonnée par les pistes en rondins, que l'on avait dû établir au milieu de la campagne inondée, et les routes sur pilotis que les lourds convois avaient dangereusement endommagées, coupées même par endroits, et par ailleurs encombrées encore de fourgons renversés, de débris de toute nature, les invités du général Degoutte se montrèrent fort empressés, et parmi eux l'ancien bourgmestre avait bien voulu souhaiter, tout le premier, de se joindre à notre caravane, ce noble et charmant comte Visart, que les Allemands avaient révoqué, et qui, malmené par ces rustres, sans égards pour ses quatre-vingts ans, leur avait un jour répondu :

— Fusillez-moi si vous voulez, mais soyez polis !

J'ai dit que mes compagnons, de la formidable bataille qui s'était livrée si près d'eux, ne savaient rien que les nouvelles plus ou moins vagues, plus ou moins erronées, que laissait « filtrer » jusqu'à eux la Kommandantur. Et surtout ils n'avaient pas la moindre idée, aucun document photographique n'avait encore pu le leur révéler, ils ne se faisaient aucune idée de cette ruine totale, de cette complète dévas-

tation. Alors, imaginez l'impression de ces gens qui avaient encore
dans les yeux l'image de ces plaines flamandes, telles qu'ils les
avaient laissées en 1914, si peuplées et si prospères, — et brusquement
plus rien que ce chaos et ce désert où ils cherchent, sans même par-
venir à en démêler les traces, pas même l'emplacement exact, où ils
cherchent vainement ce qui fut leur ferme, leur maison des champs,
la demeure calme et joyeuse de parents, de voisins, d'amis.

Pour nous, ce sentiment de stupeur consternée, d'indignation et
de rage, nous l'éprouvions devant Ypres en ruines, oui, un sentiment de tous points analogue, aussi âprement douloureux et fort
que pouvait l'être celui de nos amis Belges devant leur patrimoine
ruiné : des richesses incomparables, de purs et uniques chefs-d'œuvre
comme les Halles ou la Cathédrale d'Ypres ne faisaient-ils point
partie du patrimoine de l'humanité tout entière, de son patrimoine
artistique, et n'est-ce pas l'humanité tout entière, tout le monde civilisé
qui en aura été ainsi frustré, dépossédé, par la barbarie allemande?

Aussi quel soulagement d'apprendre et de constater que du moins Bruges avait été respectée, que nous pourrions encore emplir nos yeux de ses merveilles !...

Je ne pense pas qu'il se puisse imaginer de cadre plus magnifique, pour un cortège triomphal, que celui de cette Grande Place de Bruges, où le Roi Albert, la Reine et le Prince héritier, arrivèrent à cheval, escortés du général Degoutte et de son état-major, tandis que le carillon du beffroi jouait la *Brabançonne* et *La Marseillaise*. Les notes grêles et charmantes de ce carillon résonnent encore dans notre cœur. Comme il claquait joliment au vent, le fanion du général Degoutte, fièrement dressé au milieu de la grande place, autour de laquelle évoluaient les vaillants régiments belges ! Sur le perron du Palais Provincial, devant lequel les souverains belges avaient mis pied à terre, c'étaient tous les chapeaux haute-forme de la Province, enfin libérés eux aussi par la victoire, et les uniformes chamarrés des bourgmestres, du Gouverneur.

Et soudain le Roi Albert, qui nous dominait tous de sa haute taille, aperçut modestement mêlé à la foule, l'amiral Ronarc'h, avec sa redingote sombre, tel qu'il était à Dixmude au milieu de son héroïque brigade de fusiliers marins. Et le Roi et la Reine, lui faisant gentiment signe, voulurent, pendant la cérémonie, qu'il se tînt à leurs côtés.

Après tant de *Marseillaises* et de *Brabançonnes*, d'acclamations, de carillons et de fanfares, — Bruges-la-Morte était vraiment, ce jour-là, Bruges la ressuscitée, et il n'y aura pas de trompettes plus éclatantes au jour du Jugement dernier !.. — j'étais allé chercher au Béguinage un peu de repos et de silence. Le Béguinage, lui, je le retrouvai pareil à lui-même, aussi calme, aussi recueilli, comme si toutes les agitations du siècle, et même la guerre, n'avaient pu franchir son pont ni sa porte, étaient venues se briser à la mouvante barrière de ses canaux...

Seuls quelques enfants jouaient sur la petite place herbue devant
la chapelle.

Mais en me voyant, ils cessèrent leurs jeux, et, gravement, la
main au bonnet, me firent un beau salut militaire. Je leur répondis

en souriant, et comme je m'éloignais, continuant ma promenade, je
m'entendis appeler :

« Monsieur l'officier !... Monsieur l'officier » !...

Je m'arrêtai et tournai la tête : les enfants, maintenant, me
montraient l'un d'eux qui s'était mis à marcher sur les mains, et à
exécuter de superbes cabrioles ; et je compris que, renouvelant l'hommage spontané et naïf du Jongleur de Notre-Dame, ces cabrioles,

c'était pour me faire honneur, pour faire honneur à un officier français, c'était l'offrande de leur admiration et de leur reconnaissance,
à ces humbles et charmants gamins, pour la France...

C'est qu'ils témoignèrent de tant de crânerie et de malicieux
héroïsme, la plupart de nos petits Belges, pendant les dures heures
de l'occupation allemande! Et non pas seulement par les privations
imposées, qu'ils supportaient si allègrement; mais comme ils donnèrent du fil à retordre aux lourds policiers boches, que de tours plaisants où, piteusement, se laissaient prendre la sottise, et la morgue
des officiers de la Kommandantur!...

Cette malice, d'ailleurs, n'était pas l'apanage exclusif de leur
jeune âge; toute la population belge rivalisa d'ingéniosité et d'esprit
pour jouer, duper, ridiculiser ses oppresseurs, et la « Zwanze » fut
bien souvent une arme de vengeance et de défense contre laquelle
les Allemands dépensaient en vain leur rage impuissante. C'est à
force de finesse inventive et subtile que les Belges parvinrent à ne
point trop souffrir des mesures vexatoires dont on cherchait à les
accabler, passant à travers les règlements, tournant l'obstacle, se
moquant des perquisitions.

Nous en a-t-on conté de ces « zwanzes », de ces bonnes farces
jouées aux autorités allemandes, et qui ne dénotaient pas moins
de courage que de belle humeur... Car malheur à qui se serait laissé
prendre!

Et tout naturellement ces récits éveillaient en nous l'écho d'autres
récits, tout semblables, que nous avions entendus en Alsace, et cette
analogie vraiment frappante entre l'attitude des Belges et des Alsaciens, que soulignait un tour d'esprit tout pareil, ajoutait encore à
l'émotion que ces courageux amis nous inspiraient, et à notre affection
pour eux, nous les rendait, si possible, encore plus chers et plus
proches... Ah! en dépit de leurs exigences odieuses, de leur surveillance tyrannique, les Boches n'en virent pas beaucoup, en Belgique,

de cette laine et de ces cuivres qu'ils prétendaient réquisitionner,
c'est-à-dire voler... Et ils pouvaient bien interdire les couleurs natio-
nales : un beau matin les étalages des magasins, les éventaires des
boutiques rapprochaient, en toute innocence, des boîtes noires, côte
à côte avec des boîtes jaunes et des boîtes rouges ; ou bien, on peut
avoir, n'est-ce pas, une ombrelle rouge, une ombrelle jaune n'est pas
subversive, non plus qu'une ombrelle noire ne saurait être considérée
comme une insulte au Kaiser : et trois jeunes femmes
se rencontrant boulevard Anspach, et se promenant
de compagnie, faisaient briller et tournoyer les chères couleurs de la patrie...

Alors, en guise de punition ou de brimade, la
kommandantur décidait que, pendant une semaine,
pendant quinze jours, pendant un mois, suivant la
gravité de la
faute, les ha-
bitants de tel
quartier de-
vraient être
rentrés chez
eux et n'en
pourraient
plus sortir
passé huit
heures, sept
heures, six
heures et de-
mie du soir !

Et voici
que, dans le quartier ainsi consigné,
les policiers boches, en faisant leur

ronde, surprenaient, dans une rue obscure, à près de dix heures, un passant qui se hâtait en longeant les murs!...

Celui-là, son compte était bon, il paierait pour les autres; justement voilà-t-il pas que, ne se doutant de rien, il s'était arrêté, quel cynisme! Non, il repart!... Dépêchons!...

Et les policiers, avec des précautions et des ruses d'apaches, se faufilaient, s'approchaient, et, brusquement, d'un bond suprême, s'élançaient pour mettre la main au collet du hardi noctambule...

— Phttt!... — le hardi noctambule s'envolait dans les airs : c'était un mannequin en baudruche que des amateurs de « zwanze » promenaient, du haut des toits, au bout d'une ficelle...

Cette robuste gaîté, qui avait persisté au milieu des pires tortures, on imagine sans peine sa formidable explosion, quand il n'y eut plus rien pour la contenir, quand l'heure de justice eut enfin sonné, l'heure de la victoire et de la délivrance.

Je ne pense pas que rien se puisse comparer à la joie délirante, une sorte de délire sacré, qui s'empara de Bruxelles et secoua son peuple tout entier, et toutes les classes de ce peuple, hommes et femmes de toutes les conditions et de tous les âges, lorsque la famille royale fit dans la capitale martyre et fidèle cette rentrée solennelle, à la tête de la division de Bruxelles, que précédaient des détachements des troupes alliées : quelle vénération, quel amour s'élevaient de cette foule vers ce Roi, symbole d'honneur, vers cette Reine, symbole de dévouement et de grâce, et vers leurs enfants, symboles de jeunesse triomphante et d'espoir confiant, vers cette exquise et espiègle petite princesse Marie-José, que nous avions vue, sur la plage de La Panne, prendre, au début d'octobre, ses premières leçons d'équitation : — « pour le jour de l'entrée à Bruxelles »; et tout de suite nous avions été émerveillés de sa crânerie à cheval, et de ses progrès rapides...

Mais, à ce moment, les Boches tenaient encore la forêt d'Houthulst ; et, en attendant de rentrer à Bruxelles, il avait fallu reprendre le chemin du couvent italien où la jeune princesse était élevée. Avant son départ, elle avait, par exemple, fait promettre au Roi son père, que « pour le jour de l'entrée à Bruxelles », on la ferait revenir du couvent, et qu'elle serait là, — et elle était là, en effet, le Roi avait tenu parole :

Le roi Albert tient toujours sa parole...

On ne saurait défiler avec plus de perfection que ne fit la batterie d'artillerie anglaise, dont les caissons aux roues étincelantes, et les chevaux qui semblaient tous d'un équipage de maître, étaient un prodige d'astiquage et forçaient l'admiration ; le détachement américain s'avançait dans le frémissement que causaient partout les réserves qu'on sentait en lui d'énergie jeune et tranquille.

Mais pour nous autres Français, les mots sont impuissants à dire l'enthousiasme qui s'attachait aux pas de nos soldats à fourragère rouge ; ce n'étaient pas des fleurs que nous jetait le peuple de Bruxelles, c'était son cœur !... Et j'entends encore les voix grêles et fraîches de ces petites orphelines, sagement rangées au bord d'un trottoir de la rue de la Loi, sous la conduite et la surveillance de bonnes vieilles religieuses, et à qui les bonnes religieuses, en agitant de petits drapeaux français et belges, faisaient entonner, en

l'entonnant elles-mêmes les premières, les paroles de *la Marseillaise*, chaque fois que passait un officier ou un soldat français!...

Ce cri de « Vive la France! » qui est le plus beau cri pour des oreilles françaises, des milliers de poitrines belges ne se lassaient pas de nous en saluer, de le répéter, et c'est encore lui qui, pour nous, dominait cette marée humaine de la place de l'Hôtel-de-Ville, quand, le soir venu, dans ce décor unique au monde, nous contemplions tous ces visages ardemment tendus vers le balcon où devait paraître le Roi, des visages qui, eux aussi, semblaient alors uniques au monde et les plus beaux du monde, les visages de ceux qui voient enfin triompher la noble cause pour laquelle ils ont tout sacrifié, tout souffert : « Vive le Roi! vive la Reine! vive la Belgique! vive la France!... »

Et puis, pourquoi voudrait-on le taire, il y eut la *Madelon!*

Eh, oui! cette Madelon partie d'Alsace, cette Madelon qui, des Vosges à la mer, avait fait si joyeusement toutes les étapes les plus dures, qui s'était installée et avait triomphé sur tous nos champs de bataille, Madelon n'était pas encore venue à Bruxelles, les Boches ne l'y avaient point laissée pénétrer, bref les habitants de Bruxelles en étaient encore aux héroïnes des refrains et chansons de 1914, ils ignoraient Madelon!

Oh! ils ne l'ignorèrent pas longtemps. Chaque soldat français s'improvisa professeur de chant; et les élèves avaient une si grande bonne volonté, tant de hâte empressée, un tel désir d'apprendre!...

Ainsi, pendant trois jours et trois nuits, Bruxelles chanta et dansa sans arrêt; car par une rencontre miraculeuse et comme si le ciel même avait voulu prendre sa part de la commune allégresse et témoigner, lui aussi, en faveur de la justice et du droit triomphants, nous eûmes alors, malgré l'hiver déjà proche, des nuits d'une clémence, d'une douceur incomparables.

Et la ville, toute la nuit comme tout le jour, ne cessa d'être

entraînée par cette étrange et irrésistible danse des kermesses : dans
une rue, quelques musiciens passent, jouant ou soufflant de n'importe
quel instrument, violon, piston ou clarinette — et, il faut bien le
dire, n'importe comment; mais, c'est du bruit, et c'est un rythme...

Et aussitôt, derrière eux, suivant ce rythme, deux, trois passants
se prennent par le bras, et se mettent à se balancer en cadence —
deux, trois, puis vingt, puis trente, puis cent, puis deux cents, la
rue est pleine...

Et c'est la rue elle-même qui semble agitée de ce balancement
frénétique, par lequel se trouvent emportés d'un même élan tous les
promeneurs, tous les passants, et tout ce monde s'agite ainsi et se
balance inlassablement, bras-dessus, bras-dessous, soldats français,
soldats alliés, femmes, vieillards, enfants, mêlés, pressés, serrés,
haletants, joyeux, infatigables, et
parmi lesquels nous reconnaissions
un soir, place Brouckère, bras-
dessus, bras-dessous, toujours,
et que le hasard
seul avait cepen-

dant réunis, bras-dessus, bras-dessous un académicien français, un colonel américain, et la femme d'un conseiller d'ambassade...

Ainsi la ronde macabre de ces quatre années de guerre aboutissait à cette autre ronde; c'est vers elle que nous avaient appelés et guidés les moulins à vent qui, des lignes ennemies, dès notre arrivée en Belgique, de leurs grands bras nous faisaient signe : « Vite, vite, amis, au secours, par ici!... » Et les moulins à vent nous avaient guidés jusqu'à Audenarde, dont la brute allemande avait, hélas! comme à Ypres, comme à Furnes, déchiré, déchiqueté en lambeaux les précieuses dentelles de pierre, et jusqu'au delà d'Audenarde, où je devais voir le dernier mort de la guerre et le dernier prisonnier.

Ce dernier prisonnier nous fut amené le 11 novembre, vers une heure de l'après-midi, alors que nous fêtions l'armistice par un déjeuner sans champagne, nous qui, pendant quatre ans, n'avions cessé de répéter :

« Quel fameux champagne on boira, quand ça sera fini et bien fini!... »

Et voilà qui prouve bien que les choses les plus attendues ne sont pas toujours celles qui arrivent, qu'on ne réalise pas tous ses rêves, et qu'on ne fait pas toujours ce qu'on veut; on a, certes, bu du champagne, et, souvent, et même beaucoup, dans nos popotes, pendant les quatre ans de guerre. Et voici que le jour de l'armistice, avec l'encombrement des routes, et les ponts que les Boches, en se retirant, avaient fait sauter, et que nous n'avions pas encore eu le temps de rétablir, impossible d'atteindre les ravitaillements, et notre festin de l'armistice se composa de boîtes de singe arrosées de thé!...

Mais nous étions rudement contents tout de même!...

Et ce fut donc, en guise de dessert, que l'on nous amena, pitoyable et larmoyant, le dernier Boche qui s'était fait prendre à dix heures et demie du matin.

La cessation du feu et l'arrêt sur les positions avaient été fixés
pour onze heures. Vers dix heures du matin, un de nos pelotons de

cavalerie, qui avait passé la rivière, continuait sa progression, quand
les cavaliers de pointe aperçoivent dans un champ une compagnie
allemande. Et ils ouvrent le feu avec leurs mousquetons.

14

On voit aussitôt une assez vive effervescence se manifester parmi les Boches, et l'un d'eux qui se détache et s'approche les bras levés :

« Mais vous ne savez pas!... Vous faites erreur... il ne faut plus tirer : Krieg fertig!... la guerre est finie!... »

L'officier auprès de qui il avait été conduit interrompit son baragouin, et, flegmatique, tira sa montre :

« Les hostilités seront suspendues, en effet, à onze heures; il est dix heures trente. Tu es prisonnier!... Krieg ist Krieg!... »

Et ce fut encore sur la route d'Audenarde qu'il me fut donné de voir le dernier mort de la guerre, après cette nuit bénie qui précéda l'armistice, cette nuit du 10 au 11 novembre où le ciel s'illumina de tout ce qui nous restait de fusées éclairantes, où, aussi bien dans les lignes allemandes que dans les lignes françaises, se mirent à sonner les cloches de tous les villages et leurs carillons... Déjà, aux endroits préparés pour l'avance, les dépôts de munitions, tous ces obus de tous calibres si soigneusement empilés et rangés, prenaient l'aspect ridicule des choses effrayantes qui ne réussissent plus à nous effrayer, dont la menace piteusement est tout à coup avortée : A-t-on écrit la « Ballade des projectiles qui ne seront jamais tirés?... »

Hélas! sur le bord de la route, un cadavre demeurait comme pour témoigner que la menace n'avait pas toujours été vaine, que les obus n'avaient point cessé depuis si longtemps leur effroyable besogne...

Je m'approchai du cadavre : c'était celui d'un jeune Américain.

Il avait été laissé là seul, étendu sur le dos, les yeux ouverts; il avait dû être mortellement atteint par l'une de ces rafales que l'artillerie ennemie, avant de fuir, lançait au hasard, pour vider ses caissons...

Et je songeais qu'il était émouvant et juste que ce dernier mort de la guerre fût, en effet, un Américain, un de ces ouvriers de la dernière heure qui vinrent, en suprême renfort, pour décider de la victoire aux côtés de ses artisans; je songeais qu'il était émouvant et juste de voir reposer sur la terre belge, saintement libérée, ce jeune héros d'Amérique, dont les yeux ouverts pour l'éternité regardaient maintenant vers le ciel apaisé, vers l'avenir...

TABLE

DES

ILLUSTRATIONS

EAUX-FORTES

DESSINS

Pages.

TABLE DES MATIÈRES

ACHEVÉ D'IMPRIMER A PARIS

le 10 Janvier 1921

PAR

PHILIPPE RENOUARD

POUR

LA S: A. DES ÉDITIONS " SONOR "

9 782329 203089